アジアビジネスで
ミリオネアになった
元グラビアアイドルの逆襲

笑いながら稼ぐ女

高橋ゆづき
Yuzuki Takahashi

はじめに

こんにちは、ＯｎｅＡｓｉａ株式会社ＣＥＯの高橋ゆづきと申します。

世界を股にかける若手女性実業家——人はそう私を呼びます。

私は現在、貿易で年商1億円を稼ぐ経営者として世界、主にアジアを飛び回っています。

特に国際事業家として、日本とアジアの橋渡しの役割を担い、再現性のあるビジネスモデルやコンテンツを世に広める役割を担うべく、セミナーやコミュニティの主催や運営もしています。


実績や経歴を文字にしてみると、なんだかとってもカタブツそうで偉そうな感じですが、実際の私はというと、学歴は高校まで、投資のこともほんの数年前までは全く知らない素人でした。今も、外国語はほとんど話せません。

実は私、8歳の時から子役として芸能活動を始め、芸能プロダクションのイエローキャブに所属し、グラビアアイドルとして活動していたんです。NHK朝の連続テレビ小説『すずらん』の子役で全国デビューをし、井上真央さん主演の『キッズ・ウォー3』でもいじめっ子を演じるなど、多くの有名ドラマに出演もしていたので、お茶の間で見覚えのある方もいるかもしれません。

そんな華やかな芸能界にいた私ですが、その実情はというと、さほど豪華でも、キラキラしたものでもなく、収入もアルバイトと変わりませんでした。自分自身が商品である以上、魅せなければいけない仕事なので、周りの目と現実のギャップに葛藤する毎日でした。

芸能界は結婚・妊娠を機に22歳で引退、その後地元に帰りました。

しかし、そこで待っていたのは、日々の食べ物にも困るような極貧生活と、年子の育児で忙しい毎日……。

自由な時間もない、休みもない、お金もない、家族との時間もない、バイトしても給料なんて上がらない、同じような毎日の繰り返し――。

このままでいいの？　いつまでこんな生活が続くの？　将来大丈夫なの？

そんな不安に駆られ、精神的にも体力的にも疲れ切った日々が続きました。

夫の収入はかなり少なく夫婦仲も最悪、両親は厳しく頼ることもできない、まさにどん底の時期でした。


そんな私を救ってくれたのが『物販』でした。

『物販』というとカチカチのビジネスに感じてしまうかもしれませんが、スタートはＹａｈｏｏ！オークション（現・ヤフオク！）です。そこからひとつひとつ経験をし、学び、多くの人との出会いや助けによって、事業や投資でアジアへ進出するまでになりました。

今では、毎日笑って過ごせるようになり、好きなことを仕事にできる、好きな時間に好きな場所へ行ける、好きな時間に好きな人に会える、海外に行きたければ行く、家族との時間も増えた、買いたいものがあれば躊躇せず買う……どん底時代になかったものを、みんな手に入れられるようになったのです。

時間も経済的にも余裕ができただけではなく、一番大事な心身までもがストレスなく過ごせるようになり、本当に幸せです。


売れない芸能人を経て、家事育児に追われてその日暮らしの生活をしていた私が、たった数年で年商1億に登りつめ、自由なライフスタイルをなぜ送れるようになったのか？

その理由はひとつではありません。

この本では、私・高橋ゆづきの歩いてきた道のりや、どんな人間なのか、セミナーやSNSでも今まであまり話せなかったことをいろいろお話ししていこうかと思います。

あなたも私のように『笑いながら稼げる』ようになる、そのヒントを見つけてもらえれば幸いです。

笑いながら稼ぐ女

CONTENTS

目次

CHAPTER 02

第2章 結婚生活〜どん底の中の光

CHAPTER 03

第3章 動き出した人生

CHAPTER 04

第4章 1億稼ぐ女に成長した秘訣

CHAPTER 05

第5章 これから

笑いながら稼ぐ女

CHAPTER 01

子役時代〜
アイドル時代

5歳児の決心?「私が家族を支えてやる」

私が生まれたのは岐阜県のとある小さな町。クマが出れば学校が休みになるほど、自然があふれた山の麓で育ちました。

はっきりいって、田舎です。海もない場所なので、その後、頻繁に足を運ぶことになる海外に夢を抱くなんてことはこれっぽっちもありませんでした。

私の実家は、これといって特別なことをしているわけではない、ごく普通のサラリーマン家庭でした。ただ、当時としては数少ない両親共働きだったため、祖父母と過ごす機会が多かったです。

特におばあちゃん。小さい頃はずっと一緒にいました。祖母の膝にもたれて色々な話を聞いたことは、今でも鮮明に覚えています。

「おじいちゃんはね、ほんとにギャンブルばっかりやっとってねぇ。おばあちゃんは苦労したもんさ……」

「ギャンブル？」

「賭けごとだよ。お金をかけて、当たったらもらえるけど、外れたら持ってかれるのさ。当たればいいけど、そんなこと滅多にない。挙句、すっからかん。したら、おじいちゃんは『お金は拾って来い！』って命令したんや。ろくに稼ぎもしんのになぁ」

「へぇ……」

「だから、うちはずっと貧乏だったんだよ。今でもそうや」


——こんなの、子供にする話じゃないですよね(笑)。

よっぽど祖母の腹に据えかねていたことなのでしょう。愚痴めいたその話は、幼心にショックを受けました。「おじいちゃんって、そんな人だったんだ……」って。

祖父は私が5歳の頃、胃がんを患って亡くなりましたが、記憶の中ではずっと優しい人でした。東海地方では当たり前の喫茶店のモーニングに毎朝連れて行ってくれたし、ずっとずっと可愛がってくれたおじいちゃん……。

でも、祖母の前では違ったみたいです。イライラするとつらく当たられ、祖母は祖父の代わりに家計を支えるべく、家事育児の傍ら、ずっとミシン縫いの仕事をしていたのだそうです。当時は今と違って便利な電化製品も少なかったでしょうし、その大変さは相当だったと想像できます。

そんな苦労をおとぎ話代わりに聞いていたことや、両親が一生懸命仕事をしてお金を稼いでいる背中をみていた環境は、私が〝貧乏〟、つまりお金がなくなることを人一倍嫌悪する要因になりました。

祖母は祖父が亡くなってから、気苦労から解放されたからか、人が変わったように「意地悪」になりました。

私に対してではなく、私の父に……。

私の父は母方の祖父母と同居している、いわゆるサザエさん一家と同じ家族構成だったので、婿イビリのようなものを始めたのです。

まだ祖母も年齢的に若かったし、祖父に苦しめられた自身の経験から、男性に対する敵対心を心の底に抱いていたんではないかと思います。私の父は、祖母から聞くおじいちゃんの話とは正反対の、すごく優しい人だったのに……。

父を他人のように「○○氏」と呼ぶ、呼びかけても返答をしない、などなど、その仕打ちはまるでイジメでした。『母（自分の娘）に自分と同じ思いをしてほしくない』という想いだったのでしょうが、小さい頃の私の目に映る祖母はただの意地悪にしか見えませんでした。

「なんでおばあちゃんは、ひどいことをするんだろう……」

そんな家の中にいるせいか、当事者ではないけど、私も相当ストレスを溜めるようになっていったのです。

ある時のこと――祖母と母が大喧嘩をした時です。私は、プツンと心の糸が切れてしまいました。

「もういい加減にして！　もうやめて！」

と突然、包丁を二人に向けたのです。

母も、父と祖母の間に挟まれて大変だったから、祖母とはよく言い争いをしていたんです。大人同士でギスギスとした悪い雰囲気の状況を見るのは本当に嫌でした。でも、祖母も好きだし、父も好きだし、もちろん母も好きだったんです。誰の肩を持つこともできなかったから、二人に包丁を向けたまま無我夢中で

「もうやめて！」

としか言えなかったけど……。

この頃からでしょうか……、当時まだ小さかった5歳年下の弟もこんな嫌な場面を見なくてすむようにするために、私が何とかしなければならない、という思いが芽生えはじめ

ました。

「私が絶対頑張って稼いで、この家族を支えてやる」

そう決心したのです。家族が本当に仲良く暮らせるように、って……。

親の反対を押し切って芸能の道へ

忘れもしない1995年の夏。

小学2年生の頃——母の姉、私のいとこが住む奈良へ遊びに行った時に、『転機』が訪れました。

伯母の旦那さんは独立起業した薬剤師で、もちろんお金持ち。伯母は働くことなく楽しく過ごしていたのが印象的で私の憧れの存在でした。

母とは違い、天然で底抜けの明るさのそんな伯母が、当時テレビでやっていたドラマを観ていて、突然言ったんです。

「ゆづき！　あんた、安達祐実にそっくりや！　あんたもテレビ出ゃぁ！」

安達祐実さんは当時、大ヒットドラマ『家なき子』の主役として世間を席巻していた子役の大スター。そっくりと言われて、嬉しくないはずはありません。

「出れるかな、おばちゃん」

「もちろん、ほんまそっくりや！」

単純にも、私はその場で決心してしまいました。「女優になる！」って。

私は小さい頃から見知らぬ人にも「こんにちは〜！」と話しかけたりする、人見知りもしない明るい性格だったのですが、その一方で、母と喧嘩すると風呂場の窓から裸足で家を出て近所の人の庭で寝てしまうような少し変わった子でした。

だから、伯母のたったひとことで、『人生を変えるような決断』をしてしまうのは、ごく自然なことだったのかもしれません。

伯母に大阪にタレント事務所があることも教えてもらい、母には電話で、

「もうおばちゃん家に住んで、大阪のタレント事務所に入って女優になるから、岐阜には帰らない！」

と言いました。

「はぁ？　あんた何言っとんの」

母はもちろん唖然としていましたが、とりあえずこの場を納めないと困りますよね。

「名古屋にもあるからとりあえず帰ってきなさい」

と私をなだめて帰ってこさせました。

私はてっきり賛成してくれたのだと判断して、実家に戻ったのですが、帰宅した途端、猛反対されました。

「あんたバカじゃないの」

「なんで？　私はどうしても女優さんになりたいの！」

「何言っとんの!?　芸能人なんて、なれるわけないやろ。養成所なんて、いくらかかると思っとるの」

そんな言い争いが延々と続きました。でも、もう私の思いには火が付いてしまって、どうしても芸能人になりたくなってしまっていたのです。

それに、芸能人になれば、お金も稼げるし、家族もギスギスしないだろう……。そんな考えもあり、必死に頼みこみました。

「今までもらったお年玉、全部使っていいから名古屋のタレント養成所に入れて！」

もう、何度も、何度も頼みこみました。

一度決めたら突っ走る、誰も止められない私の性格――。

それを小さな頃から母はずっと見てきました。次第にもういくら反対しても無駄だと感じはじめたのでしょう。ついに母の心は折れ、名古屋のタレント養成所に入所することを許してくれました。

『テレビで見た女優さんに憧れてタレントになる』。

子供の頃は誰しもが一度は憧れる夢です。母も最初は生半可な夢想だと思って反対したのだと思います。ただでさえお金がないのに、そんな道楽に費やす余裕は我が家になかったのです。

でも、私は諦めなかった。諦められなかった。大事なお年玉をも使ってもいいと頼みこんだ。だからこそ母は私の本気を感じ取って許してくれたのです。

今思えば、小学2年生の時によくあんなことが言えたなと思います。

養成所のレッスンは、低学年の時は母に付き添ってもらい名古屋まで通いましたが、4年生になってからは一人でいくつも電車を乗り継いで通っていました。

遠距離の移動はとても大変でしたが、苦労だとは思わなかったです。だって、楽しくて仕方なかったから。

3年ほど養成所でお芝居のレッスンをしながら、オーディションにいくつもトライしました。39度の熱が出てもオーディションに参加するほど夢中でのめりこんでいました。

何度落ちても、へこたれなかったし、〝書類審査が通った〟ということだけでも嬉しくて、どのオーディションも「絶対合格してやる！」と、誰よりも意気込んで参加していました。

「いやいや、熱いねえ」

と友人や学校の先生に嘲笑ぎみに言われることもありましたが、熱いのはその通りなので、返す言葉もなく、むしろ開き直っていました。


私がそこまで熱心になっていたのは、お芝居が楽しかったということもありましたが、養成所に入る時、あんなに反対していたにもかかわらず許してくれた母に報いるためにも、絶対に有名になりたかったからなのです。


そして、できるならば、有名になったお金で家族を支えたい……。

『お金がなくていいことなんてない』というのが私の持論ですが、この子供時代のようなハングリー精神が培われたというのは、思いつく限りの唯一いいことなんじゃないでしょうか。それは、お金に不自由しなくなった今でもまだ意識の底に残っています。

『どんなに稼いでも安心せずに更なる高みを求めたい』と願う気持ちは、もしかしたら、

子役時代のプロフィール写真。かわいらしくキメたポーズの裏に「有名になって、稼ぎたい！」という幼い野望。我ながら、頑張ってたよなあー。

このことが影響しているのかもしれません。

養成所に入って以降、私の熱い意気込みのおかげで、いくつものオーディションに受かることができ、名古屋ローカルのスチールやテレビ、CM、ラジオの仕事などたくさんの実績を積むことができました。

朝ドラのオーディション〜都会のポテトに感激〜

小学校5年生になった時、NHK朝の連続テレビ小説『すずらん』(1999年4月放送)のオーディションがあることを事務所の人に教えてもらいました。こんなチャンス、滅多にないと意気込んで

「私、受けてみます」

と、事務所の人に頼み、腕試しのつもりで書類を提出しました。すると、なんと奇跡的

に書類審査をパスしたのです。

しかし、受かったはいいものの、面接やオーディションの会場は東京のＮＨＫだったのです。お金がかかるから、新幹線でなんて行けません。しかも、子供がひとりで東京になんて行けないので、なんとかして安く行く方法を考えた挙句、母と一緒に夜行バスに乗って向かうことになりました。

長時間、固い椅子の上で十分眠れないまま過ごし、朝方、新宿に着きました。オーディションの時間まで少し時間があったので、新宿西口のファーストキッチンの2階で目をこすりながら時間を潰すことにしました。

忘れられないのが、そこで食べたバター醤油味のポテト！

「何これ、おいしい！」

母と一緒に目を丸くしてびっくりしてしまいました。当時の岐阜にはこんなものはありません。「都会にはこんなおいしいものがあるの？」と感動したんです。

ポテトの興奮冷めやらぬうちに時間が来て、私たちは渋谷にあるNHK放送センターに向かいました。会場を見渡すと、名古屋で有名な子役としてバリバリ活躍している他の事務所の可愛い子も来ていました。名古屋で開催されるオーディションでいつも合格している、密かにライバル視していた子です。

その日のオーディションは、最終審査まで一日にやってしまうということでした。合格した人だけ、名前が張り紙に出されて、落ちた人はその時点で解散する、というような方式です。

すると、何次審査かで、私が残って、その子が落ちたんです！　さらに心に火が付きました。

「ここまで来たんだし、書類審査で落ちても最終審査で落ちても〝落ちた子〟には変わりがないよね……何がなんでも合格したい！！」

書類の300人ほどから最終的に残ったのが私も含めて30人くらいでした。そこから先、最終審査後は、

「受かった人には後日事務所に連絡をします」

ということでした。

そのままおとなしく岐阜に帰り、しばらくドキドキして過ごすことになりました。

でも、待てど暮らせど結果は来ず……。

――気が付けば、1カ月くらい経過していました。

さすがの私も諦め、もう落ちたのだと、忘れかけていました。

そんなある日。弟と2階の部屋で、当時NHKで放送されていたアニメ『あずきちゃん』を見ていた時、ドタドタとすごい勢いで階段を駆け上がる音が聞こえてきたんです。

不思議に思いドアを開けると、そこには必死の形相の母がいました。

「ゆづき！　……受かったって！」

「何が？」

「朝ドラだよ！　朝ドラ！」

すごく嬉しそうに興奮していた母の顔を今でも覚えています。あの、養成所に行きたい

と言った時、「バカじゃないの？」といった母がですよ⁉

なにせ、母は今でもＮＨＫの朝ドラは欠かさず見るほどの『朝ドラ大好き人間』なのです。そんな憧れのドラマに、娘がエキストラでもなくちゃんとした役で出るのだから、その嬉しさは天にも昇るほどだったと思います。

私も現在二児の母として、『自分の好きなものに子供たちが関わる』なんていうミラクルがもし起こったとしたら、想像できないくらい嬉しいことでしょう。その時の母の気持ち、今だからこそ手に取るようにわかります。

朝の連続テレビ小説『すずらん』出演

私が３００人の中から選ばれたのは、主人公の友人役・山田まりやさんが演ずる『池田しの』の子供時代の役でした。（その後まさか、山田まりやさんと同じイエローキャブに所属するとは当時思いもしませんでした。私が入った時には事務所が分裂していてまりやさんはサンズという別事務所に行ってしまっていましたが……)

合格してからは、毎日毎日演技練習とセリフ覚えに没頭しました。ドラマの舞台が北海道だったので、雪国での撮影もありましたが、基本は毎週木曜に東京入り、月曜日に帰るというような生活を2、3カ月していました。

びっくりしたのが、NHKは子役でも役があればしっかり『女優扱い』をしてくれたことです。もちろん楽屋の部屋も違えば、お弁当も豪華……。そのうえ、星空しか見たことなかった田舎者が、初めてヒルトンホテルに泊まらせてもらったんです。

その重厚さと、都会のネオンの絢爛さは衝撃でした。ファーストキッチンのポテトといい、都会はすごいなと、さらに憧れを持ったのを覚えています。

しかし(今思えば度当然のことかもしれませんが)、私のギャラで家族を支えていく……なんてことは、とてもかないませんでした。

芸能界は華やかそうに見えて、でも決してラクに稼げる世界ではないのだと、幼いながらに実感しました。お金を稼いで、家族を支えようと思っていた意志もちょっと揺らぐほどでした。

でも、少ないながら給料明細を見るのはとても好きでした。朝ドラに出て、地元のスーパーで知らないおばあちゃんに「あんたどこかで見たことあるけどどこの子やったか？」なんて声をかけられることはありましたが、そういう承認欲求的なことよりも、『給料をもらえる』ということが、芸能活動をやっていてやりがいを感じる一番のことでした。

自分が頑張っていくらもらえるかという評価点みたいな感覚でしたし、他の普通の小学生は給料なんてもらえないですから……。自分のした行動がお金になるということは、それに値する価値があるということです。

芸能活動によって、自らの自信と自尊心がはぐくまれたような気がします。そして、わずかながらでも小さい頃から『自分の力で稼いでいた』ということは、『ビジネス』というものに興味をもつようになった原点になりました。

ドラマ『キッズ・ウォー3』出演

次に印象深い仕事が、2001年の『キッズ・ウォー3』です。

このドラマ自体はもちろん、ZONEさんが歌った主題歌の『secret base～君がくれたもの～』が大ヒットしましたので、ご存知の方もいるのではないでしょうか。

私は主演の井上真央さんと対立するいじめっ子・眞弓役でした。トイレで水をかけたり、ハサミで脅迫するなど強烈な役だったため、朝ドラ出演の時以上に反響がありました。

街では声をかけられ、中学校にも電話が来るほどでした。母と買い物へ行った時には、背中の後ろで、

「あの子、『キッズ・ウォー』に出ている子じゃない？」

と声が聞こえ、（ああ、まただ……）と思っていたら、隣にいた友達らしき子が、

「こんな岐阜にいるワケないじゃん！」

と大笑いしていた会話を聞いてしまい、なんだか恥ずかしくなって逃げるように帰った

のは思い出深い出来事です。意外に知られていませんが、『キッズ・ウォー』シリーズは名古屋のCBCの制作で、撮影は名古屋だったんです。だから、岐阜にいてもおかしくなかったのですけどね。

それゆえに、井上さんをはじめ、東京のキャストさんたちはスケジュールがきっちり決められています。だから、40度の熱が出ようが撮影をストップさせることはできない！過酷なスケジュールの撮影で体調を崩してしまい、救急車で運ばれたこともありましたが、点滴を打って次の日には撮影しました。

また全国放送の、ヒットドラマに出ているということで、学校でも注目の存在になりました。閉鎖的な田舎だったので、いやがらせは多少ありました。

同年代からは陰口くらいで可愛いものだったのですが、年上の先輩は、

「たいして可愛くないくせに、なんであんたが出られるの？」

なんてことを直接言ってきたり、上履きに自分の顔だけ燃やされたプリクラが入ってい

たりとかもありました。悪口ばかり書いているくせに、最後には「仲良くなりましょう」と言っている、わけがわからない手紙も入っていたこともありました。その手紙は「よくわからないです、意味が」と言って突き返しましたけどね。

目立ったことをしているのだから、何かしら目はつけられるのはしょうがないと最初から自分に言い聞かせていました。

この時は、自分の生活の比重は学校よりも芸能活動だったので、学校でちょっと嫌なことがあっても、さほどダメージはありませんでした。今となっては、そんな強気な性格は芸能界向きだったのかなと思います。

自分の世界がいくつもあることはとてもいいことです。世界の分だけ逃げ場があるということですから、たとえ行き詰まったとしてもその世界の分、道をいくらでも切り開くことができます。その後の私の人生で、自分の世界がひとつしかなかったため、追い詰められてしまうことがあるのですが、そんなことがあったからこそ、今、切に思います。

「世界はいくつも、広く、もったほうがいい」と。

自分で自分の可能性や道を閉ざすことは決してしてはいけないこと。

役者と同じように、リアルな人生でも、〝何者〟にでもなれるのです。


中学時代は他に、NHKドラマ『どっちがどっち!』で、早見マリ子役という生徒会長の役もやりました。この頃は子役から女優へとステップアップしていく成長を感じはじめた時期でもあります。

ちなみに余談ですが……。

「『キッズ・ウォー』からファンでした!」

「朝ドラ見ていました」

などと言われるのは、今でもとても嬉しいので、どこかで見かけたらどんどん声をかけてくださいね。

私の上京物語

中学3年生になった私は、高校になったら東京へ行き、芸能活動に本腰を入れたいと思うようになりました。『キッズ・ウォー3』や、NHKのドラマに出たことで自信をつけ、今、大きな波が来ていると思ったからです。

「この時期を逃したらいけない、高校卒業後では絶対に遅いの！」

しかし、親からの返答は、「絶対にダメ」――。

母とは、養成所に入る時以来の大口論になりました。1週間口をきかず、ごはんも食べませんでした。お腹が減ったらファミリーマートへ自転車をとばして行って、少ないお小遣いの中から腹持ちのいいファミチキを買う、そんな毎日でした。

あんなに朝ドラ出演を喜んで、私の活動を応援していたと思っていた両親、特に母。どこか裏切られた気分でした。しかも反対の理由が、『親戚が東京にいないから』。まぁ、まだ15歳の女の子でしたから当然ですよね。

しかし、母が勢いで言った「固定給をくれる事務所だったら良いよ」という言葉で火がつきました。

「よし、やってやろう！」と、オーディション雑誌を買い、たくさんの事務所の連絡先を調べ、片っ端から応募しまくりました。プロフィールを作るのはもちろんのこと、自分で写真を撮影、現像したりもしました。


そして、その時声がかかったのが、サンミュージックさんをはじめとする数社。でも、子役の時にお世話になり、個人的に連絡をとった人が、固定給という私の条件をかなえてくれる事務所を紹介してくれたんです。

小さい個人事務所でしたが、15万の給料制とのことでした。何とか生活できるような額でしたが、本当に当時はありがたかったです。

振り返ってみれば、きっとこの時も『お金がない』のが嫌だったのかもしれません。お金がないことで、自分の夢ややりたいことが制限されるなんて、本当に我慢できないことだと思いました。

結果、自ら連絡をとった人の経由で小さな事務所に所属することができました。これこそ、〝行動で未来を変える1歩目〟だったかもしれません。

無事に東京の高校に入学できることにもなり、折れた両親もお金の工面をしてくれましたが、上京も近づいたある夜、母がどこか諦めたかのような表情で私につぶやきました。

「私立高校に行くんだし、なんだかんだとお金がかかるから、大学へも行ったつもりでいてね」

この言葉から、両親が東京行きを反対した本当の理由は、やはりお金がないからだと悟りました。

一生懸命働いたり、昔から家計簿をこまめにつけていた母。私は小さい頃からそんな姿をずっと見てきました。ことあるごとに「うちはお金持ちじゃないから」と言う切実な言葉はいまでも私の胸に残っています。惨めな気持ちにもなったりしましたが、それらはむしろ、私の精神を自立させ、今に至るまで奮い立たせてくれることになりました。

子役の時、オーディションに受かろうと躍起になっていたように、東京に出たら頑張って売れて、稼いでやろうと心に決めました。

月15万の給料で麻布十番に暮らす⁉

そんなこんなで出てきた東京でしたが、私はまだ15歳。わからないことだらけでした。無知を象徴するかのごとく、住むところも、なぜか麻布十番に決定しました。

首都圏にお住いの方ならおわかりでしょうが、麻布十番といえば東京のど真ん中。六本木のお隣で、住むというよりは遊ぶところです。当然平均家賃が高いのは当たり前、VIPが住むリッチな場所だということは全く知りませんでした。

私の住んだ部屋は、1Kで、地域の相場より割安なほうでしたが、それでも家賃はおよそ9万円！　学校が目黒の日出女子高等学校（現：目黒日本大学高等学校）だったので、南北線で1本だったのと、この地域で9万円は安いと不動産屋さんにごり押しされたため、すぐに契約してしまいました。

都心から少し離れた場所とか、探せばもっと安いところはあったはずでしたが、そこまで頭が回らなかったのです。当然のことながら、情報はとっても大事だということを、後から身に染みて感じました。自ら調べることを怠り、全て不動産屋さんにゆだねてしまったことが原因です。不動産屋さんもだますつもりはなかったでしょうが、商売である以上、他の地域を勧めて自分の客を逃すことはできませんものね。

当時、「麻布十番に住んでいるんです」と誰かに言ったら、必ず「いいところに住んでいるね」と返ってきました。そこで「そんなことないですよ」と笑いながら返答していたのですが、これって、今となってはすごく生意気なことを言っていましたね（笑）。当時の私にとっては純粋な謙遜の気持ちでした。

そんなセレブな街に住んでいるゆえに、当然のごとく生活はとても厳しいものでした。

もちろん親から仕送りはもらっていません。出してもらったのは、携帯電話代と学費くらいでした。

一方で、東京に出てきて、オーディションなしでドラマに出させてもらったり、海外でお仕事をしたり、仕事自体は大きいものではなかったけど、気持ちは充実していました。本当に東京に出てきて良かったと心から感じました。東京という土地は水があっていたのかもしれません。

恩師・山岸伸先生

右も左もわからない東京での芸能活動で、山岸伸先生に出会ったことは私の大きな財産でした。

山岸先生は、現在も女優や女性タレントなどを被写体として、広告やグラビア撮影を中心に幅広く活動しているカメラマン。安田成美さんや水野美紀さんをはじめ、数多くの写

今も温かく見守ってくださる巨匠・山岸伸先生と。「人との繋がり」の大切さを実感させていただいた恩人です。

真集を撮影し、その数300冊以上！ 2016年には日本写真協会作家賞を受賞した、ポートレート撮影界の巨匠です。

山岸先生は、当時、東京に出てきたばかりの田舎者の新人の私でも、温かく受け入れてくれ、娘のように可愛がってくださいました。先生の元で、いくつものDVDを出すことができたのは一番の思い出です。

その大らかで優しい人柄は、いつでも私の心のよりどころであり、どんなにつらく苦しい生活でも、先生の前でなら自然と笑顔になれました。当時、先生に自分の貧乏っぷりを話したところ、とても心配してくださり、1年間、山岸伸写真事務所で内勤アルバイトをしながらタレント活動をさせてくれたこともあったりして……。

山岸先生は芸能界時代に、誰よりも私を支えてくれて、応援してくださった数少ない恩人のひとりです。その縁と感謝の思いは今も変わりません。現在のプロフィール写真も山岸先生が撮影してくださったものです。

ちなみにこの頃の私は仕事で韓国に行くことが多く、韓国での物価の安さにかなり驚いたことを覚えています。思い返せば、この頃から少しずつアジアや物販に興味を持ち出したような気がします。しかし、当時は具体的な計画など一切ありませんでした。

人気事務所イエローキャブへ

山岸伸写真事務所でお世話になっていた時、山岸先生から言われました。

「ゆづきちゃん、君、イエローキャブへ行きなよ」

「え、イエローキャブって、小池栄子さんや佐藤江梨子さんの所属するあのイエローキャブですか?」

イエローキャブといえば、田舎の母でさえ名前を知っている大手事務所です。その時は有名な野田義治社長はすでに離れていましたが、それでも知名度の高いタレントさんが数多く在籍し、影響力や勢いは衰えてはいませんでした。山岸先生はイエローキャブの方と親交があり、私を紹介してくださるとのことでした。

子役の頃も、上京してからも、いいところでしたが小さな事務所にしか所属していなかった自分にとって、こんな夢のようなこと断るはずはありません。私は二つ返事でその紹介を受けることにしました。

山岸先生とは、最初こそ『被写体とカメラマン』という単なる仕事上での出会いでしたが、その縁をはぐくみ、繋げてきたおかげで、この事務所移籍をはじめとして多くのものを私にもたらしてくれました。

今でも思うのですが、やはり『縁』や『人との繋がり』はとても大事です。思い返せば前の事務所も知りあいの紹介でした。山岸先生には本当に、これからもずっと頭が上がりません。

芸能界の仕事も今の仕事も、毎日新しい出会いに溢れています。その出会いの分だけ、縁がありとあらゆる方向に広がっていて、びっくりするようなところと繋がっていることがあります。

当時はそんなことは意識せず、単純に個々の人間性が好きだから縁を大切にしていただけなのですが、あとから伏線が回収されるように、縁が繋がって、幸せに導いてくれていることに気づきました。

個々が尊重されるようになり、その分、人と人との繋がりが希薄になりつつある現代——しかし、そんな世の中でも私は縁を大切にしていきたいです。効率とか、面倒臭いなんて、考えていられません。小さな繋がりでも、きっと未来に大きな幸せの花をもたらす種になってくれるはずです。

移籍したイエローキャブでは、バラエティ・情報番組、映画、イベントMC、スチールなど、幅広く仕事をさせていただきました。なかでもかつらをかぶるような時代劇の舞台の仕事が多かったです。里見浩太朗さんの水戸黄門、舟木一夫さんの銭形平次などで、新橋演舞場、明治座、名古屋の御園座などの大きな舞台に立ったことは今でも私の自慢です。

『物販』で笑いが止まらない

イエローキャブは、以前の事務所と同じく月給制なのはよかったのですが、大手だからと高くなるわけではなく手取りはほぼ同じ15万円でした。

しかも、表に出る職業ゆえに、バイトもNG。他の事務所の知人はこっそり枕営業でお小遣いをもらっている人もいたとか。私は一切やるつもりはないうえ、枕営業自体、当然事務所から固く禁止されていたので、相変わらず生活費が綱渡りで苦しい日々でした。

担当マネージャーとその奥様はそんな私の苦しい状況も知っているので、仕事終わりにご飯へ連れて行ってくれたりと、当時はかなりお世話になりました。そして、今でも仲良くしてくださっています。しかし、どんなに人から助けてもらっていても、毎日の生活が厳しいのは変わりません。

そこで出合ったのが、『物販』でした。

当時、Ｙａｈｏｏ！オークション（現・ヤフオク！）のＣＭを見て、個人でも少資金から簡単にモノを売ることができる、ということを知ったのです。

当時、グラビア撮影などで、海外に行くことも多かったですから、免税品店でシャネルであるとかディオールなどのブランド限定品をお土産で購入したり、同じグラビアをやっている友人からもらったりしていました。

でも、日本に帰ってきても、もったいなくて使えないことが多かったのです。価値があるだけに使用するのは憚れるけど、珍しいからまた買っちゃう、というような無駄なことのループでした。気が付けばどんどんたまっていたんです。

「捨てるのももったいないし、どうしよう……」

考えたあげく、思い切ってヤフオクに出品したのです。すると……それが、売れる、売れる！　まさに笑いが止まらない状態に！！

当時ヤフオクは規制が緩く、おばあちゃんの名前でやることもできたので（今はもちろん禁止です）、顔出し、名前出しもせず、効率的にお金を稼げることができることは本当にありがたかったです。

味を占めて、海外に行くたびに、安く限定品をたくさん買って、売るようになりました。まるで輸入業者のよう。売るものが少なくなると、自分の服とか持ち物とかを売りに出していました。

「モノが売れる」ことがとても楽しくて、快感だったことを覚えています。

麻布十番での交友

その頃、お小遣いも多少できたので、遊ぶ余裕もでき、麻布にあるカフェバーに頻繁に出入りするようになりました。

ちょっとお金ができたと言えど、生活が苦しいのは変わらないので、ためらう部分はありましたが、遊びたい盛りの年頃ですもの、我慢するのは心の毒です。しかも、自分の生活圏、毎日目にするところにたくさんあるのですからね……。

麻布のお店に出入りしている方々は身なりも格好良くて、表情も自信に満ち溢れていて、上京した頃からの私の憧れ。いつか、私もそのキラキラした中に入りたいとずっと夢見ていました。

まだ二十歳そこその女の子には、ちょっと背伸びかもしれませんが、低いところで安心しているより、ちょっと無理してでも高いところにいたほうが、絶対に自分自身の意識も成長できると思ったんです。

「麻布だし、もしかしたら、すごい人と知りあえるかも？」

そんな下心も多少ありました。しかし、いざお店に通うようになると、『もしかしたら』どころではありませんでした。お客さんはほとんどお金持ちの成功者ばかりだったのです。年齢も若く、しかも人懐こい私は、たくさんの人に可愛がってもらうことになりました。美容整形外科の女医さんとか、起業家の方とか、社長さんとか……。

輝いている方を見ると、刺激を受けますよね。話す会話も、出入りする場所も、金銭感覚もランクが違うのです。でも、私に対しては気さくに話してくださっていたので、自分も同じステージの人間だと勘違いしてしまうほどでした。

「自分もこういう人になりたい、いや、なれるんじゃないか？」

って。

どんな成功者だって、膝をつきあわせて話してみれば、所詮同じ人間です。同じ人間なのだから、自分だって頑張れば同じ場所に行けるのかもしれない――。

麻布十番のお店に出入りすることによって、そんな希望を持つことができました。

麻布十番は、家賃が高かったけど、そういう方々と出会う機会に恵まれ、意識を高く保つことができたので住んで後悔はしていません。むしろ、住んで間違いはなかったと思っています。

のちに、この時の交流が私の運命を大きく変えることになるのですから……。

笑いながら稼ぐ女

CHAPTER 02

結婚生活～
どん底の中の光

芸能界引退

私がイエローキャブに所属していたのは、ちょうど10年ほど前。2007年から2009年の間でした。

報道で知っている方もいるかと思いますが、その頃の事務所は「経営危機」と噂されていた頃。どうやら『億』の借金があったようです。

戦々恐々としていたところ、事務所から突然呼び出しがありました。

「来月からバイトしてもいいよ。給料制から歩合制に変わるから。よろしくね」

社長からのひとことに「嘘でしょ?」と心の中で叫びました。

歩合制の芸能事務所では、仕事のギャラの何割かは事務所の取り分となります。しかもその時提示された割合は、私にとってかなり少ないものでした。ただでさえ仕事があるわけでもないのに、ギャラの多くを事務所に持っていかれては、生活ができません。

しかも、今まであれだけバイトは禁止ときつく言われて、それを守って苦しい生活にも耐えてきたのに……。

裏切られた怒り、絶望感、悔しさでそれ以上返す言葉が見つかりませんでした。

――『そんなにわずかな収入で、この先、芸能界で生きていく理由はあるのだろうか？』

――『私はいったい、何がしたいのか？』

頭の中でぐるぐる考えがめぐって、わけがわからなくなりました。

「自分を見つめ直したいです」

バカげた提示に対する返答は保留にして、事務所を後にしました。

しかし帰り道、何だか糸がプツリと切れたようにスッキリしていて、新しい自分を探そうとワクワクしていたのを覚えています。あれだけ芸能界にこだわり、プライドがあったはずなのに、どこか解放感があったんです。

なんだかとっても夢に満ち足りた晴れやかな気持ちでした。

小さい頃から芸能界しか知らなかったこともあり、

「もしかしたら、これからは自分の知らない、他の素敵な世界を知ることができるんじゃないか」

って。

その夜、私は家に帰って気づきました。

「私、今までずっと芸能活動をやってきたけど、売れたいんじゃなかったんだ」

街中を歩いてキャーと言われる快感を味わいたかったわけでもなかった。

女優としてひとつの作品を作り上げることは楽しかったけど、バイトをしながらであるとか、少ないギャラでも頑張れるほどの情熱はなかった。

一方で、貧乏になって、好きな洋服を買うことができなかったり、好きなお店に行けないのは心の底から嫌だった。

そう考えて、ハッとしました。

「自分は、もしかしてお金を稼ぎたいだけなのかも」

本心は〝売れたい〟のではなく、〝稼ぎたい〟んだ——。

芸能界は甘くないし、成功を掴んで年収数億稼げる人なんてごくわずか。バラエティー番組では、芸人さんが月収数千万円などと自慢げに暴露していて、夢のある世界だと思われがちだけど、夢なんてわずかな人が叶えるから夢であって……。

この世界で、自分の力でお金持ちになるのは程遠いことだと実感しました。

小さい頃から芸能界にいて、それでお金をもらっていたから、芸能の仕事は稼ぐ手段だとそのまま思っていたけど、私はもう大人です。芸能活動に限らなくても稼ぐ方法はいくらでもあります。現に、ヤフオクではかなりの収益を上げることができていました。

「だったら違うことで稼いでやる」

この時に決意しました。

正直、もうここにいる理由なんて、何も、ない。

また、私がそう決意したもうひとつの理由は、芸能界時代に一番支えてくれた友人とお付きあいしていた方が、地主であり会社経営をされている男性だったことが影響しているのかもしれません。

私もよくその方にご飯を食べさせてもらっていたのですが、会話の中でビジネスの話を聞いたり、成功者の立ち振る舞いを目の当たりにしたことで、密かに「彼のようになりたい」と憧れていたのです。出入りしていた麻布十番のカフェバーにも、彼のような人がたくさんいました。

だからこそ、事務所のほうから一方的に契約内容を押し付けられるような、理不尽に上からものを言われるのが当然の、いわば『底辺にいるような環境』に耐えられなかったのです。


「私、事務所を辞めます。芸能界も引退します」

次に事務所側と面談をした時に、きっぱり言いました。次の仕事が決まっているとか、事務所の所属タレントを使ったパチンコ台の製作が決まっているとかで、強く引き止められましたが、私の心は変わりませんでした。

しかし、事務所も全く引かなかったのです。

はてさて、どうすれば……途方に暮れてしまい、体調を崩してしまいました。

てっきり事務所のゴタゴタでのストレスからくるものだと思っていたのですが、なんと、そこで……妊娠が発覚したのです。当時ひそかに交際していた恋人との間の子供です。

再び、事務所を辞めるか否かの話しあいがもたれましたが、妊娠のことを告げたところ、あっさりやめることを受け入れてくれました。


そんなこともあり、順番が違いますが、妊娠と結婚について迷いは一切ありませんでした。逆に、妊娠していなかったら、私は今頃何していたのだろうと、今もふと考えることがあります。きっと、子供が助けてくれたのだと思いましたし、運命の歯車が噛みあった結果だったのではないかと思うのです。

当時の恋人――のちに夫になって、別れることになる方ですが――彼は愛知県出身だったので、私の地元・岐阜と近いこともあり、結婚後は移住することになりました。

正直、結婚すれば生活は安泰で、出産し、子育てがひと段落ついたら、好きなことを仕事にすればいいだろうと思っていました。お互いの実家も近く、何かあったら頼れる人もいるだろうから……。

しかし、その考えが甘いということに気づくのは、ほどなくしてのことでした。

結婚～これからずっと幸せになる～

私と『彼』が出会ったのは、東京のクラブでした。

当時、音楽にとても興味があった私は、ブラックミュージックやクラブでよくかかるような音楽を好んで聴いており、必然的にそのような場所へ頻繁に出入りするようになったのです。

そこで、声をかけられたのが、彼。インディーズで活躍するミュージシャンでした。自分も芸能活動をしていたので、取り巻く環境が似ていたことと、話を聞いてみれば彼も愛知県出身ということで、岐阜出身の私と同じ東海地方生まれなのですぐに話が弾みました。

同じところから出てきて、東京で華やかだけど不安定な場所にいるもの同士、惹かれあうものがありました。

彼はアメリカ留学もしていて、多くの経験や引き出しを持っている人でしたが、メジャーデビュー直前までいくも、それが破談したことでずっと燻っていた感じの人でした。音楽の実力があったのかどうかはよくわかりませんでしたが……。

二人とも東京で就職をしているわけでもなかったので、妊娠が発覚して結婚することになった時、お互い、地元が近い愛知で新たにスタートを切ろうという決断をすることはごく自然なものでした。

そして、住んだのが彼の実家の近く、愛知県の片田舎にある小さなアパート。

華やかな芸能界、麻布十番での暮らしから、一気にのんびりとした場所での生活です。車がないとどこにも行けないような地域で、住む人も雰囲気も何もかもが違う環境になりました。

しばらくすると、芸能界をやめた気のゆるみからか、なんと妊娠中に体重が20キロも増えてしまいました。今までの籠の中の鳥状態から解放されて、完全に心が緩んでいたんでしょう。その時は、これからずっと幸せになるものとばかり信じていました。

長女を出産し、それからおよそ1年ほどで、二人目の子供を出産しました。

そう、年子なんです。双子も大変ですけれども、年子育児はそれと同じぐらい……いやそれ以上に大変と言われるものです。離乳食の段階も、オムツの大きさも、生活のリズムも全く違うから、それぞれに対応していたらあっという間に日が暮れてしまいます。

お互いの実家が近いので、しんどくなったら頼れると思っていたのですが、順番が違かったせいか、私の親に結婚はあまりよく思われていませんでした。

「あんたを結婚させるために東京に行かせたわけじゃない」

妊娠と結婚を母に報告した時、言われました。

「あんた、芸能界、頑張るって言ったじゃない」

そうですよね、もっともなことです。

母は、芸能界入りにも、上京にも、あれだけ反対しながらも許してくれて、それでも陰ながらも応援してくれていましたから、さすがにそれを言われると、返す言葉がありません。自分自身もあんなに強く「お母さんのためにも絶対に売れてやる！」と決心したのに、申し訳ない気持ちでいっぱいでした。

だから、頼ることなんて到底できず、子育ての面や金銭面で苦労しても自分たちで何とかしなければいけなくなってしまい……。

東京時代にやっていたネットオークションなどの物販活動は、妊娠、出産、子育ての時期は手を出す暇がありません。日々の生活があまりにも忙しくて、「何かをして稼ごう」という発想すらも生まれない時期でした。


一方で夫は、結婚してから生まれて初めてのサラリーマン生活を始めました。田舎のアパートに子供二人、私は子育てでとても忙しいけど、傍から見たら、田舎で伸び伸びとした、絵に描いたような幸せな生活です。

でも、今まで東京のど真ん中で、表に立つ仕事をしてきた私、そして夫。日々の生活に多少は満足していましたが、どこか心の片隅で
(ここで一生を終えるのはちょっと嫌だな)

というような気持ちになることもありました。

日々の生活の何気ないところで、夫も、私も、声や態度には出さなくとも、お互いそう思っていることを、ふと感じることが多々ありました。

厳しい現実

結婚して初めて知ったのが、「生活にはこんなにお金がかかるのか」ということでした。税金、年金、保険、子育て、日々の生活、何もかもが世間知らずだったので、ひとつひとつにびっくりしました。役所に電話して、

「どうしてこんなに税金がかかるんですか？」

と、問いあわせをしたこともあるぐらい……。

芸能界にいた時も貧乏な生活をしていたので、大きな夢は見ていなかったとしても、「こんなはずじゃなかった」という気持ちの連続の毎日でした。

地方では、『家庭を持ったら家を買う』というライフステージが当然のようにあります。自分も小さい頃から、将来はそうなるものだと思いこんでいました。

しかし、土地の価格とか、建築費とか、固定資産税などを知ってしまうと、『家を購入することはめちゃくちゃ金持ちにしかできないこと』だと知りました。私の実家は貧乏だ

と思っていましたが、家を建てていたのであれば、むしろ『金持ち』の部類なのではないかと衝撃を受けたのです。

また、その『金持ち』の人が、30歳で30年のローンで家を買い、キレイにその期間でローンを返すことができたとしても、もうその人は60歳近くになってしまいます。体が思うように動かない時にローンから解放されても、楽しくありませんよね。そう考えたら、ゾッとしました。

こうして色々な現実を目の当たりにしたことで、私は絶望してしまいました。

ただそのことで、ふわふわと夢見がちだった私の人生が、その時やっと地に足がついたんじゃないでしょうか。ただ単純に「稼ぎたい！　いっぱい欲しい！」と思うだけだったお金のことも、経済の動きや税金なども頭に入れつつ、深く、真剣に考えるきっかけになったのです。

とはいえ、考え方が成長しただけで生活が良くなるわけではありません。

東京でのミュージシャン生活をなげうって、田舎でサラリーマンとして生きていくことを受け入れてくれた夫の決断はありがたいことでしたが、その生活は朝早くから夜遅くまで仕事をし、家には寝るために帰ってくるということの繰り返しでした。もちろん、日々の育児にはほぼノータッチ。結婚はしているけど、家庭内シングルマザーのようでした。今の言葉だと『ワンオペ育児』という状況ですね。それで、夫の給料が高ければその状況は納得がいったのですが、それが当時、月給18万円だったんです。金額的にも4人暮らしで生活するのは、本当に無理な金額です。

少しでも生活費の足しになればと自分も働こうと姑に相談したところ、

「私も我慢してきたのよ。今の状況の中でうまくやるの！」

と一喝されてしまいました。

昔と今では時代が大きく違うのに……消費税のパーセンテージも、物価も……。『今の状況の中で』って、限界がある……じゃあどうすればいいのよ……と本気で悩みました。昔ながらの考えを持つ姑の言い分に、心の中でいつも疑問を感じていました。

このご時世、サラリーマン安泰説は崩壊し、長年働いたって給料なんてたいして上がらないし、ボーナスがない会社や、副業を解禁する大手企業も増えているからこそ、

(〝今〟ちゃんと暮らせるような給料をもらえるところで働いてほしい……)

と、どんどん不満が募ってきました。

親世代への募る不満……でも諦めない！

本当に、この頃は人生の中で一番きつい時期でした。

私も心のゆとりがなくなり、『社会に置いていかれている』という焦りもあり、ストレスも溜まり……。その日暮らしの日々に不安と不満の連続で、夫とはお金のことで喧嘩の毎日でした。それでも、育児はしなければならないから、心を無にして生活していました。

でも、一度、ぷっつりとその緊張の糸が切れた時があったんです。

赤ちゃんが泣くじゃないですか。あやしてもあやしても泣き止まないじゃないですか。

すると、もう一人の子供も泣きはじめますよね……。もう、どうしようもなくなって、毛布をトイレに持っていって、トイレの中で自分をぐるぐる巻きにして、

「私も泣きたい！」

と、わんわん思いっきり泣きました。気がすむまで泣きました。

しかし、泣いているだけじゃ解決はしないのです。

「奥さんは家にいて子供の面倒をみる。旦那は稼ぐ。それが日本の家族」

「子供たちが幼稚園に入るまでは家から離れてはいけない」

そんな昔ながらの考えを押し付けてくる『親世代』に対しても、苛立ちは募るばかり。

もう日本はそんな呑気に暮らせる時代じゃないのに……。

孫を見せに行けば、親たちはいつもごちそうを用意してくれました。嬉しいことですが、ただ、その豪華な食卓を見るたびに、複雑な気持ちにもなりました。親世代が年金を十分もらっているということが身に染みて感じられたからです。

親世代は、納めたらちゃんともらえる層だし、今の物価で暮らせるので、お金の苦労が

〝今〟はない……。

毎月私たちが生活を切り詰めて払っている税金を、さほど困っていない彼らが受け取っているのを目の当たりにして、そして、私たちの世代が年金をもらえる頃にはこんなゆとりはないだろうなと、やるせなさを感じたのです。

結婚して、一時の幸せは得られましたが、金銭的にも人生的にも苦しくなったことと、未来の不安をひしひしと実感しました。

結婚したほうが貧乏になるとさえ思いました。

こうした理由で、結婚をしない人や子供を産まない人、離婚する人が増えているのではないかと感じたのです。

私が毎日ギリギリの生活をしている一方で、同世代の友人は街で遊んだり、お洒落なカフェへ行ったり、ライブに行ったりと、キラキラとした日常を過ごしている様子でした。なかでも、まつエクやネイルをやっている人が本当に羨ましかったです。

友人のSNSを見ると、『今月はこれ！』というように、ネイルの写真を毎月アップしている……。子供をおんぶしながら、指をくわえて眺めていました。しかし、今の生活だったら、もし子供が大きくなって時間的に余裕ができても、金銭的に毎月なんて行けません。「まつ毛エクステも月1回やりたい」「今は軽自動車だけど普通車には乗りたい」「外食もファミレスは嫌。月に1回くらい、ちゃんとした美味しいものが食べたい」「沖縄に行きたい」「可愛い洋服を買いたい」……。

どん底の中でも、夢はいっぱいありました。夢と言っても、生活できるお金＋αがあれば叶えられる程度の夢なんですけどね。だけど、その時の私には到底できないことだったんです。もう少し年齢がいっていたら、諦めてこの生活レベルで我慢していたかもしれませんが、私はまだまだ若かったんです。

そこで私は、手帳にそれらの夢をひとつずつ書くことにしました。

夢って、書いているだけで結構楽しい気分になりますよね。そして、目に見える形にすることで、夢から目標になるんです。

その中の夢は具体的であればあるほどいいですね。例えば、車であったら「今の軽自動車から格好いいアメ車に乗りかえたい」とか、「スタバで毎朝ラテを買う生活をしたい」とか。頭の中でありありと想像できるから、考えるだけでも楽しくなりますよね。

手帳の中の小さな夢たちを毎日眺めながら、

「絶対、諦めない。近い将来、必ずやってやろう」

と燃えていました。そして、叶えられたら消す。たとえ小さなものでも、叶えられた時の達成感は、次なる希望になります。それは、ちょっとしたことかもしれないけれど、今となってはそれが当時の私の活力になっていました。

「あとちょっとのところで手が届かないんだよー」

そんな感じの歯がゆさが、つらいけど、頑張ろう、頑張ろうって先へ進む力になっていたような気がします。

一方で、ポジティブに気を持っていっても、ふと我に返ると、暗くなって考えてしまうこともありました。

「長いトンネルの中から、いつ抜け出せるんだろう……進んでも進んでも見えない出口。はたしてこのトンネルに出口はあるのだろうか」

……と。

ただ、夢……自分の中で設定した小さな目標たちのおかげで、いつか、ここから抜け出すために、絶対に何かやってやると思うようになりました。何をするか、というのはまだ見当もついてはいませんでしたが。絶対にこのままじゃ終わりたくありませんでした。

バイト生活

長女が2歳、長男が1歳になった頃、知りあいがママをやっている名古屋の錦のスナックでコッソリ働きはじめました。

子供たちが寝る時間帯だったので、保育園に預けなくても、夫にもそこまで負担をかけず、なおかつ誰にもばれないですむと思ったからです。週2～3日、20時から終電まで働きました。たった3時間でも、時給は3000円だったので効率も良かったし、家計的にもすごく助かりました。

夫が子供を見られない時は、1時間半かけて岐阜の実家に行き子供を預けてから、また1時間半かけて名古屋のスナックに働きに行くということもしていました。

気分転換になり、楽しいと思う部分もありましたが、睡眠時間もなくなり、体力的にもそして精神的にもきつかったです。子供が淋しがる声や、母の苦言を背中で聞きながらスナックに向かい、見知らぬ男性客に笑顔を振りまく生活……。

酔っぱらいだらけの深夜の電車の中、ふと我に返って、

「何やってんだろう。いつまでこんな生活が続くんだろう?」

と、車窓を見ながら涙したこともありました。

それでも依然として生活は厳しいものがあったので、上の子が幼稚園に行ける年齢になっ

たところで、下の子も乳児保育園に入れて、昼も働きに出ることにしました。

保育園は16時までしか預けられないので、お迎えを考えると働くことができるのが9時から15時。できる限り働くために食事休憩がない仕事がいいと考えて、たどりついた仕事は、パチンコ店でのアルバイトでした。

時間、時給、場所、すべて効率が良かったんです。

現在二児の母をしながら会社を経営し、毎月アジアや全国を飛び回るビジネスをしていますが、そこで一番大事なのは〝効率〟。効率を考えることって、本当に大事なことだと思いますね。

効率を考えれば、できることはたくさんある。だから「二児の母だからできない」「忙しいからできない」なんて自分で自分の可能性を潰すことはしないですし、あなたにもしてほしくはないと思います。

名古屋にはパチンコ店がとても多く、未経験でも求人が多くあったうえに、時給も

1000円以上という、当時にしては高給だったんです。

おじいちゃんやおばあちゃんしか来ないような田舎の古い店だったのでみんなよくしてくれましたが、ドル箱を運んだり、立ったりしゃがんだりの作業が多い、いわば肉体労働なので、帰る頃にはもうヘトヘト。年子の子供が風邪を移しあい、保育園からは毎週のように「迎えに来てください」と電話がある。これって精神的にもつらい。それに加えて日々の家事、育児、スナックのバイトも引き続きしていたので、体力はさらに消耗していきました。

もし仕事を休んだとしても、家計が厳しいのは変わらず、さらにつらくなるだけなので、休む気にもなれません。


（他にも何か副収入ができないかな……）

そう考えていた矢先、幼少期に所属していた名古屋の養成所の社長が新しく芸能事務所を立ち上げたことが耳に入り、挨拶がてら社長に会いに行くことにしました。アルバイトで忙しい生活でしたが、ずっとお世話になった人だったので、名古屋に戻ってきたのだから顔くらい見せないと失礼ですからね。

すると、話の流れで、その事務所に所属することになったのです。

しかし、私はすでに引退した身で、あの場所でもう一度勝負する気力もありません。そこで何を始めたかというと、結婚式の二次会の司会の仕事です。土日のお仕事だし、名古屋という土地柄、下手な芸能活動をするよりもそこそこの金額をいただけるのです。

私がかつて朝ドラや『キッズ・ウォー3』で頑張っていた経験はもう過去のことだと思っていましたが、めぐりめぐって、今の自分を助けてくれるとは思いもしませんでした。事務所の社長ともお互い知った間柄なので、双方安心して仕事ができるし、ちょっとのことでも縁を繋げておいてよかったと心から実感しました。

年子の幼子を二人抱えながら、3つの仕事をかけもち……今思い返すだけでぐったり疲れてしまうような、過酷な日々でしたが、あの頃の自分は、本当によくやったと思っています。今では絶対にできないことですし、二度とあんな生活はしたくとないとさえ思っていますけどね。

その一方、夫とは喧嘩が絶えませんでした。私が働きに出ても理解はなく、彼の目には、私は『勝手に好きなことをしているヤツ』にしか見えていなかったのでしょう。

夫は夫なりに、自分の好きな道を進めなかったことや、うまくいかないフラストレーションがおそらくあったはずです。自然の流れで名古屋へ帰って来たように見えたけど、彼なりに葛藤があったのでしょう。

閉鎖的な田舎で、子供の成長くらいしか変化を感じることができない日々に、行き詰まりやつまらなさを感じていたのだと思います。私も、毎日が刺激的で変化のある芸能界にいたので、そういう部分は痛いほど理解できます。

でも、私は私でいっぱいいっぱい。そんな彼を思いやるという余裕があの頃の私にはありませんでした。

物販を再開～ネットでこんなに稼げるとは！～

麻布十番に住んでいた頃、同じカフェバーの常連だった美容整形外科の女医さんと、飼い犬を通じて仲良くなりました。彼女は人懐っこい私を妹のように可愛がってくださって、名古屋に引っ越してからも時折連絡を交わすようになりました。

その方はかねてから、「ワンちゃんのお洋服、うちの子が1回も着ない服がいっぱいあるから送ってあげるね」と言ってくださっていました。恐縮な話でしたので、「ありがとうございますー」と言いながらも話半分で聞いていたのですが……。

ある日のこと、アパートに大きな段ボールが届きました。

差出人は例の女医さんです。開けてみると、なんと、箱いっぱいの可愛いワンちゃんの服が入っていました。

その服はハリウッドに住む有名人が御用達のアメリカ・ロサンゼルスの高級ブランドの

もので1着1万円以上するような品物ばかりでした。しかも、タグ付きで未着用のものがほとんど！　自分の服でさえ、ファストファッションで揃え、900円でも「高い！」と買うのをためらうような価値観の私は、開いた口がふさがりませんでした。

「こんな布の切れ端が1万5000円？？　ありえない！！　私だったら買わない！　いや、買えないのか……（笑）」

可愛いものなので、当時飼っていたワンちゃんにどれも大切に着させましたが、段ボールの中にはサイズ的に着られないものもいっぱい。これを捨ててしまうのはもったいないと、とりあえずヤフオクに出してみることにしました。

すると……飛ぶように高値で売れるんです。日本ではあまり手に入らないものということもあったのでしょうね。すぐに15万円くらい利益が出ました。

芸能界では、自分が商品。自分を切り売りしても月に15万円。今は、週5でパチンコ店で汗水垂らして働いても8万円。それなのに、ネットだけでこんなに稼げるなんて！

……改めて感動しました。

そこで思い出したのは、芸能界時代、免税品の限定コスメをヤフオクに出して稼いだこと。

毎日、バイトと子育てで忙しいけど、ネットを通じて商売をすることなら、合間の時間にできるし、もっと効率よく稼げるのではないかと思いつきました。

今までは、日々の生活リズムや税金を考え、扶養範囲内で働くとなると、できる仕事は限られていました。扶養範囲外で働こうとすると、月に20万円ほど稼がないと損をする計算になります。私はどんな仕事でも、20万円以上稼げられるならば扶養範囲外でも構いませんでしたが、住んでいた愛知の田舎には主婦を月20万円以上で雇ってくれるような会社なんてありません。

「物販を本格的に始めよう！」

そう決心しました。

きっとこれは、私に明るい未来をもたらしてくれる――そう思えて仕方なかったんです。

アマゾンでの物販　～3枚のクレジットカード～

女医さんからいただいた高級ペット服が全て売れて、売るものがなくなったので、本格的に自分で商品を仕入れ、ネットで販売を始めることにしました。

しかし、仕入れのためにはまず資金が必要です。お話しした通り、毎日の生活がカツカツの主婦ですから、ビジネスに回せるほどのお金なんてありません。もちろん、銀行などからの融資も無理だし、ローンもできるわけありません。

きっと資金調達には色々なやり方があったのでしょうが、当時の私はまるで知識がありませんでしたから……。

ここで考えついたのが、クレジットカードです。

主婦だったため、限度額が30万円枠しかありませんでしたが、3枚作れば、90万円を自由に使えます。迷わず3枚作ることにしました。クレジットカードが3枚あれば、月々30万くらいをめどにローテーションしながら、仕入れて返して仕入れて返して、を続けることができるからです。

本当に稼がないと生活ができない状況だったので、私も無我夢中でした。

そしてこの、クレジットカードで借りた90万円を元手に、世界最大級のインターネット通販サイト・アマゾンで物販を本格始動させたのです。

ご存知ない方もいるかもしれませんが、アマゾンは個人でも出店することはできるんです。月額も4900円＋注文成約時にかかる販売手数料（当時）だけだったので、オフラインの店舗と比べて考えるとかなり格安。人件費もかかりません。基本的に月4900円でお店が持てるのと同じですし、しかもネット上なので日本中のお客様をターゲットにできるわけです。

そしてアマゾンの倉庫に商品を送っておけば、違うECサイトで売れてもお客様へ届けてくれるサービスがあるので、個人で事業をするのにもとても便利でした。

その結果、月の売り上げが合計60万円くらいになりました。仕入れ原価や輸送費などの諸経費をひいてカードの返済をし、残ったものが利益になりますが、それがだいたい20万円ぐらいでした。利益率で言うと、30%くらいですね。20万円でも、私にとってはとても大きい利益でした。

クレジットカードを3枚も作って借り入れた挙句、売れ残るリスクはもちろんありました。しかし、そのリスクを少しでも軽減するため、徹底的に『売れていてかつ販売者（ライバル）が少ない商品』をリサーチしていたので、返済に困ったり、在庫の山を抱えることはほとんどありませんでした。

アマゾンは他のECサイトと違って、ショップごとの表示ではなく、商品ごとになっています。すなわち、ひとつの商品をクリックするとその商品自体の詳細ページに飛び、同時に同じ商品や類似する商品を出品している別の出品者も表示されるのです。

しかも、個々の出品者の商品ごとの販売数も、毎日細かに調べることでわかるようになっています。商品ページの『カートに入れる』という部分にある数量欄を選択すると、購入できる数が出てきますよね。そこを確認することで、その商品の在庫数を見ることができるのです。そして、数量欄の1日で減った在庫数がその商品の売り上げ数となります。

実はこのリサーチ作業、地味で本当に本当に大変でした。しかし、在庫を抱えて損をするよりはマシなので、ただただひとつずつ頑張るしかありません。

結果、うまくいったのでよかったですが、クレジットカードを3枚作ったことを人に話すと「不安はなかったの？」とよく聞かれます。無謀だと言われたこともあります。

でも私は思うのです。

リスクを負えない人は、成功もしないのだと。

他人のせいにしたり、依存したり……そんな人も成功しません。不安になるなら、その不安を埋める分だけの努力をすればいいだけです。

その頃、私が主に扱っていた商品は、始まりが例のペット服だったこともあり、アメリカ輸入商品でした。当時は中国輸入が流行りだした頃であり、アメリカ輸入をする業者は減っていたので、ある意味ブルーオーシャン（競合がいない）だったのも運が良かったです。私が扱っていた商品は、8商品程度でしたが、ライバルも少なく、コンスタントに売れていました。

あと、日本のお菓子や百均の商品が世界的に人気ということも知り、海外向けにイーベイ（米国のECサイト）で売りはじめました。これもよく売れました。発送は自身でしなくてはならなかったので大変でしたが、コンスタントに月3万円ほど稼げました。

物販は物販でも、CtoC（Consumer to Consumer＝個人間取引）ではありますが、輸出と輸入の両方を行うことで、収入の柱を増やすことにもなりました。

売りたいものを、売ってはいけない

私は、自分が「コレ売りたい」と思うものは一切売りません。売れるモノを徹底的に調べてターゲットを絞って売ります。

だから物販で稼げたのではないかと思います。主婦の趣味ではなく、何から何まで、『ビジネス』と割り切っているのです。

よくいますよね、お金持ちの主婦の方で、例えば、コーヒーやアロマにハマって、大好きだからその素晴らしさをみんなに広めようとしてその商品を売っている方……。その人がそれで満足するのならいいのですが、私は違うんです。

相手が、「これが欲しい」っていうものを、二番煎じでもいいので、探して提供するのが、私のスタイルです。

誰からも求められていないものを売っても、誰も買ってくれません。言い方は悪いけど、お金を稼げることが、私の大好きなことなんですから。

ちなみに、当時から仕入れのために海外と取引はしていましたが、英語は全くできませんでした。今でも英語は全然できません。やりとりに最低限のことはＧｏｏｇｌｅ等で調べられるので、それで十分なんです。

並行輸入品を仕入れる際の海外の業者とのやりとりも、「こんにちは」から「商品が届きました。ありがとうございます」まで、こういうやりとりをするだろうという英語の文章を定型文で作っていました。コピペでやりとりできるようにしていたので、交渉もスムーズにいきました。正直、この定型文を作成するにもかなりの時間を費やしました。

どうしてもわからなければ、英語ができる友人に助けてもらって、「ここまでやったんだけど、ここっておかしい?」と聞いて、アドバイスを受けたりしていました。

ネット販売の知識も、ここまでほぼ全部独学です。巷には物販セミナーなどもありましたが、行きませんでした。というか、お金と時間がないので行けなかったのです。

でも、そんな私が、普通に外でフルタイム働いている人の月収と同じように稼げるようになったのです。資金も、特別な能力や才能も私にはありませんでしたが、むしろそんなものは必要ないのです。

そんな生活を1年以上続けて、月商が60万円前後で安定し、利益も一般的なサラリーマンの月収くらいになったところで、パチンコ店やスナックのバイトを辞めました。汗水たらして体力勝負の仕事より、この仕事なら家にいながらパソコンひとつでできますからね。

タレント時代にいただいていた給料を、まさか自宅で、そして時間に縛られることなく、稼げることに喜び以上のものを感じました。

成功のポイントを挙げるとすれば、やはり、私欲がある〝売りたいもの〟ではなくて、〝売れるもの〟にフォーカスしたことだったと思います。

商売というのは、作り手の意志や視点を優先させた『プロダクトアウト』の思考では上手く行かないことも同時に学んだのです。顧客ニーズを優先し、顧客の希望を提供する『マーケットイン』の思考でなければ、お金を手にすることはできないのです。

生活もあるしクレジットカードの返済もある私にとっては、「いかに稼げるか?」がすごく大事でしたから、割り切って考えられたことがよかったのかもしれません。

ツールの出合い～物販最高！～

そしてちょうどこの頃、ある物販のツールに出合いました。

それは『1商品に対して販売者数と在庫数の変動が一目でわかる』というツールです。今まで商品を売るためにこまごまと手動でやっていたリサーチ作業。それが、『月何百個売れた』という情報が、簡単に、全部一目でわかるんです。

このツールのおかげで、誰の、どの商品が、月に何個売れているか、どんなものが売筋になっているか、全部わかるようになりました。

今まで時間と手間をかけてひとつずつ調べていた作業が一気になくなり大幅な時短を実現させる、私にとって神のようなツールでした。

これがあれば、様々な商品の売り上げが容易に予想できます。たくさん売れている商品だから、私が同じ商品で参入して似たような値段で売っても、そこそこ売れるだろう、というように予測ができるので、仕入れも怖くありません。

確かこのツールは、2万円近くしました。当時の私には、2万円が惜しいくらいの状況だったので、購入はかなり悩んだものです。でも、セミナーやノウハウを教えてくれる塾に行って売り方を学ぶよりも、このツールならば内容もはっきりしているし、1回買えばそれで終わりだから、と自分に言い聞かせ、思い切ってお金を出しました。

これは、私がこの時期に唯一買った、販売商品以外の『商売道具』です。

そのツールのおかげで、並行輸入品の中でもCASIOの時計が売れ筋であることが判明しました。CASIOって日本のブランドですよね？　日本ブランドかつ同じ商品なのに〝日本製品〟よりも〝並行輸入品〟のほうが安く、よく売れていたんです。

アマゾンは前述したとおり、同じ商品でも、出品者が違えば別の表示となって一覧に出てきます。だから、購入者は同じ商品の中で安いほうを比較して買うんです。並行輸入品だから説明書は英語ですが、安く買いたい人にとってはそんなの関係ありません。ネットで検索すれば、日本の同製品の説明書も出てきますからね。

ＣＡＳＩＯの商品に焦点を絞ったら、アメリカで卸値で販売してくれる業者を探し、交渉をして、仕入れて販売しました。

ＣＡＳＩＯだけでなく、それ以外の商品も、このツールのおかげで、どんどん仕入れても面白いように売れていくようになりました。

「物販最高！　こんないい稼ぎ方はない！」

ますますハマっていく私……。そして、「もっともっと稼げるようになりたい」と、さらに高い高い目標を持つことができました。

（こんな素晴らしいツールを開発してくださった方は、どんな方なんだろう？）

ふと、このツールを開発した人に興味を抱いて調べたところ、開発者は『Ｈさん』という方で、物販をされている方でした。主に中国からの輸入をされており、自分とは比べ物にならないくらいの利益を上げているようでした。

私はアメリカからの輸入をやっていて、加えてイーベイでの販売も行っていましたが、

当時仕入れて販売していたCASIOの時計の写真を見つけました。これがホントに面白いように売れたんです！

この時、「中国輸入も始めてみたら、もっと稼げるんじゃないか」という考えがよぎりました。

「月商でいうと100万円……そのくらいは稼げるのでは？」そう試算して、さらなる『稼ぎたい欲』が増してきたのです。

夫婦関係の悪化

この頃の私と夫との夫婦関係はというと、悪化の一途をたどっていました。

気持ちはすれ違い、顔を合わせればずっと喧嘩ばかり。子供たちの前でこんな状態なのは環境に悪いと、ついに離婚を考えはじめたのです。

私は実家の母に電話しました。

「もうこの生活を続けるのは無理。夫と別れる」

私の訴えに、母は淡々と言いました。

「誰が子供たちを養っていくの？　あんた、養っていけないでしょ」

悔しかったけど、その通りでした。

いくら物販で稼げていると言えども、月収20万円程度です。主婦のお小遣いとしては結構な金額ですが、それで親ひとり子供ふたりが生活するとなると、それは厳しいものがあります。

もし、手取りで30万〜40万円くらいあれば、普通に生活をすることはできるのに……。

その頃は、夫の収入と合わせてそのくらいでしたが、毎月カツカツでした。

自分が「こうしたい」と思うことがお金によって左右される――きっとそれは、自分がまだ十分稼いでいないからです。

「絶対に自分で稼いで、子供たちを養える女になる！」

子供たちの未来のためにも、そして、私自身のためにも、貧乏でかわいそうな母と子供になることだけは阻止したかったのです。

その頃の夫の目には、私がすることは全て道楽にしか映っていなかったようです。物販を、生活のためにしていることを理解してくれなかったどころか、『安易に儲け話に手を出した』と感じたようで、内心バカにしていたように感じました。

当初は気にしていませんでしたが、彼は仕事でのストレスが溜まっていたのか、機嫌が悪くなることが以前にも比べて増し、常にイライラするようになっていました。私や子供につらくあたることが毎日のようになり、顔さえも見たくないほど嫌気がさすようになりました。

とにかく早く他の収入の柱を作って稼がなければいけない……いや、稼ぐんだ、離婚をしたとしても、子供たちをなんとか育てていくために……。

そのためには、東京に戻ったほうがいいのかもしれないと考えはじめました。

東京ではお世話になった頼れる友人も多くいるうえに、愛知と違って働き口もたくさんあるので、なんとかなりそうな気がしたんです。

家賃は高いけど、最初は家族で1Kでもなんでもいい。とりあえず喧嘩ばかりの日々から抜け出したくて仕方ありませんでした。

「離婚をしたいです。そして、東京に戻りたい」

私は夫に告げ、そしてさらに訴えました。

「東京にはチャンスがいっぱいある。この田舎にずっといたら、働ける職業も限られてくるし、いつまでたっても生活はこのまま。私はこのつらい状態を抜け出したい。こんな、喧嘩ばかりの生活は嫌なの」

それを聞いた夫は、しばらく考えたあと、ゆっくりと口を開きました。

「東京でもう一度やり直したい、俺も頑張るから」

その答えに、正直ホッとしたような、しかし煮え切らないような気持ちになりました。子供たちのことも考えたら、離婚は避けたほうがいいのだろうとどこかで思っていました。

でも……。

これが最後、本当に最後……私は『離婚をせずに東京に出る』という彼の提案を受け入れることにしました。もしかしたら、環境が変わって、彼も変わってくれるかもしれないという希望を胸に抱きながら……。

これ以上迷惑はかけたくなかったので、実家と義実家には、「転職で東京に行く」と嘘をつき、再上京を伝えました。何度も泣きついていたので、もしかしたら母はうっすらと気づいていたのかもしれませんが。

再び大東京へ

そして、翌4月。東京へ戻ってきました。
新たなスタート。心のわだかまりもありましたが、いつか夫婦の関係も修復できればいいと思っていました。

だけど——人って、簡単に変われるものじゃないですよね。東京へ来て3カ月。彼は職に就いたと思ったら、また転職をしたのです。

私は当初、「一人でも子供たちを育ててやる」と覚悟していたので、昼間は物販に集中し、どうしても今月は生活費が足りなさそうと思った時には、知りあいのツテで六本木の飲食店に働きに行くことにしました。

しかし夫からすれば、人の助けを借りながら、要領よくやっているように見える私がどうも気にくわなかったようで、やはり毎日のようにイライラしていました。

「お前、毎晩働きに行け」

そんな暴言を吐かれることもしばしばでした。

(このままの夫と一緒にいてはいけない——)

改めて、私は思いました。彼につらく当たられるたびに、(あなた「やり直すために頑張る」って言ったよね?)

と、何度も心の中で繰り返しました。彼は私の何が気にくわないんだろう？　もう心は疲れ果てていたので、口には出しませんでしたが……。

結局東京へ戻ってきても、彼は何も変わらなかったんです。

この頃は、アメリカ輸入で月に20万円ほど稼げていたので、イーベイの収入をさらに確立させ、新しく中国輸入をチャレンジすればいいのかもしれないと改めて考えました。

私が買ったリサーチツールの開発者・Hさんは、中国輸入をしているといいます。しかも、月商300万円ほど稼いでいるそう。

どうにかしてぜひ、直接お話を聞きいてみたい……。そんな気持ちがふつふつと湧いてきました。

世の中は便利になったものです。Facebookのおかげで、名前を検索すれば、だいたいの人のプロフィールが出てくるようになりました。友達申請をしたり、メッセージを送りあうこともできるので、全く畑違いの人や雲の上の人でもお近づきになることもできます。

私は何気なくHさんの名前を検索してみました。すると、当然のごとく本人がヒットしました。

（メッセージ、送ってみようかな）

そう思った時には、すでに友達申請をクリックしており、メッセージの送信画面を開いていました。

しかし、ふと文字を打つ手が止まります。

物販の第一線で活躍され、しかも神のようなツールを開発されている方が、私のメッセージを見てくれるだろうか？　きっとスルーされるだろう。でしゃばりな女のようで恥ずかしい。ずうずうしいと思われないだろうか……。色々なことが頭の中をよぎりました。

でも、顔を一切合わせたことのない他人同士ですから、メッセージを送って何を思われても私には関係ありません。その反面、もし繋がることができて、色々なことを教えてもらえれば、知識や利益など、多くをもたらしてくれる可能性は無限にあります。

まさに、ローリスク・ハイリターン！　メッセージを送らないという選択肢はありません。ためらっていても時間の無駄です。私は思い切ってメッセージを送りました。

『初めまして、H様。私は元イエローキャブに所属し、グラビアや女優などの芸能活動をしていた高橋ゆづきと申します。

今は芸能界を引退し、アメリカ輸入品の物販をしています。あなたの開発したリサーチツールを購入し、活用したところ、販売も順調に進んでおります。素晴らしいツールを開発してくださり、ありがとうございました。

そして、恐縮ながらさらなるステップアップをするために、中国輸入に挑戦したいと思うようになりました。しかし、自分はアメリカ輸入の並行輸入品しか扱ったことがありません。つきましては実績のあるH様のお話をお伺いしたいと思うようになりました。

もしH様がよろしければ、お時間ありましたらお会いして、中国輸入について教えていただけませんでしょうか』

どうせならば、相手の興味をひくような内容を心掛け、『元イエローキャブ』という肩書きを存分に使いました。見ず知らずの人に相談されるよりも、多少相手の姿が想像できたほうがいいと思いませんか？　相手は男性なので、ちょっとは下心を抱かれるかもしれないとよぎりましたが、その感情も、利用できるならやむをえません。

1回会ってもらえれば、物販に対する真剣さは伝わるはず。会ってもらえなければ先に進みません。

私はどうしても人生を変えたくて必死な時期でした。しかも、相手の知識と時間を図々しくも頂戴するので、できるだけ下手に出て、『こいつとなら会ってみてもいいかな』と思わせなくてはなりません。Hさんの立場を考えながら、悩み抜いて書いたメッセージでした。でも、今考えると、迷惑メールみたいな内容ですよね。

その甲斐あったのか、送信した翌朝、意外とすぐ返事はやってきました。メッセージの着信に気づいた瞬間は、心臓が止まるほど嬉しかったです。

それからHさんとのメッセージのやり取りが始まりました。

その内容によると、Hさんは元々大阪在住の人だったようですが、私が連絡をしたのとほぼ同じようなタイミングで、神奈川県に引っ越してくることになっていたのだそうです。

なんだか似たような境遇と思いながらも、これも何かの縁だと感じました。

きっとこの先、私の道を開かせてくれる何かがある……そんな予感がしたのです。

CHAPTER 03

動き出した人生

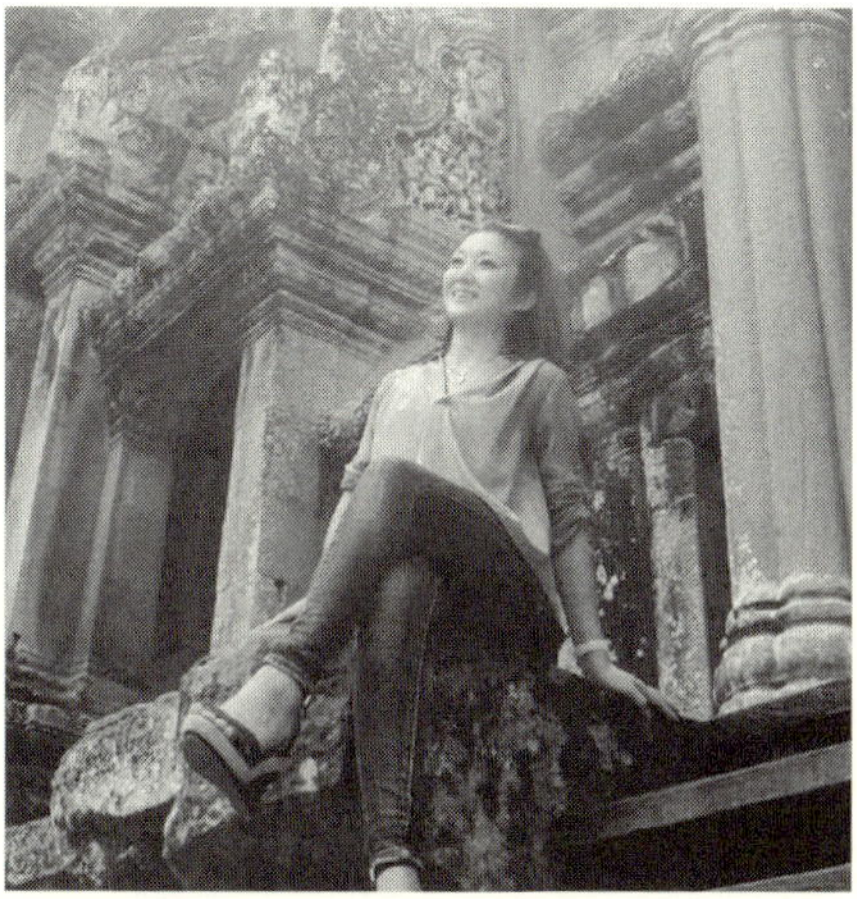

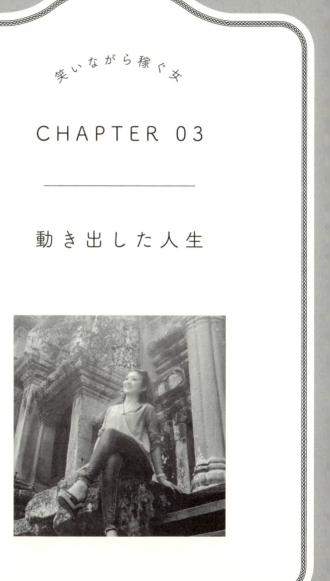

人生激変のきっかけ～Hさんに会う～

Hさんと初めて直接お会いしたのは、渋谷の喫茶店でした。

Hさんの第一印象はというと、40歳ぐらいの、いかにも技術者というような人。彼が、中国輸入で月商何百万も稼いでいる人には正直見えませんでした。

私はまず現在の状況を伝え、メッセージにも書いた、これから中国輸入を本格的にやりたい、という意志を伝えました。

「他にやりたいことはないの？」

一通り私の話を聞き終えたHさんは、落ち着いた様子で私に尋ねました。

他にやりたいこと――。

私はHさんの問いを心の中で反芻しました。

すると、心の奥底から、正直な気持ちが顔を出してきたのです。実は正直、物販だけでは気力的にも体力的にもキツイなと思いはじめていました。

そしてふと、愛知に住んでいる頃を思い出しました。

物販が軌道に乗り、パチンコ店などのバイトをやめた頃、それを知ったママ友やバイト先の友人に尋ねられました。

「家で何の仕事をしているの？」

「内職をしているの？」

と。別に後ろめたいことはなかったため、正直に答えました。

「内職みたいなもんだけど、ネット使うかな」

「え、どういうこと？」

「物販ってわかる？　単純にネットで仕入れてネットで売る、みたいな商売だけど」

それを聞いた友人たちは、最初はキョトンとしていましたが、簡単にその内容を話しているうちに、次第に前のめりになっていることに気づきました。そして、

「私にも物販を教えて！」

「どうやって物販やっているの？」

「海外でビジネスしたいんだけどどうしたらいい？」

などと、私の元に、多くのオファーが集まり出したのです。

そして実際にノウハウを教えて物販をやりはじめた友人たちに感謝されたことが、とても嬉しかったのです。


「やりたいこと――私は今まで、ネットの中の情報だけで独学で物販をしてきたのですが、物販のノウハウを教える人や、セミナーや講座をしている人もいますよね。そういう〝教える〟こともしてみたい、誰かの役に立ちたい、と思ったことはあります」

自分はかつて苦しい生活の中で、未経験の状態から無我夢中で物販について調べ、実践し、多少の失敗を繰り返しながら、収益を上げることができるようになりました。

もし過去の私のような人がいるのであれば、私がただノウハウを教えることで、失敗を繰り返さなくても収入を得ることができ、彼らの苦しい生活を救うことができるかもしれない……。私と同じような主婦が、在宅で子供の面倒を見ながら、時間に縛られることなく仕事をし、収入が得られたら、なんて素敵なことか……。

Hさんはそんな私の思いを真剣に聞いてくれました。初対面、しかも彼からすればだいぶ年下であるはずなのに。

「ゆづきさんはそっちのほうが向いているんじゃないのかな」

小さい頃から明るい性格だったので、話すことも好きだし、芸能関係の仕事をしていたので、人が喜んでくれることをするのも好きです。

「……私も、正直そう思います！」

大きく頷いた私に、Hさんはにっこりと微笑みました。

「もちろん物販は物販の収益があってもいい。一方で、『教える』ってことでも収益がとれると思うよ。自分でやるだけじゃなくて、教える側……コンサルタントの立場になれば、ゆづきさんのもうひとつの収入の柱ができると思う」

たしかに、と感じました。

『コンサルタント』と聞くと、堅いイメージがあるかもしれません。しかし、単純に考えれば、今自分が持っている知識やスキルやノウハウを教える側に回るだけということです。

どこかに自分の持っている知識や経験値、人脈を求める需要が必ずあるでしょう。しかもコンサルタント業は知識を売るお仕事ですから、在庫リスクもなく、原価率が良く、何より求めている人に喜ばれる！

物販でコツコツやることと併用して、『やり方を教える』というフェーズにいくことで、ふたつのキャッシュポイントができるし、新たに何かを習得するわけではなく、延長線上でできてしまうから労力も最低限……。

これほど効率が良くて、みんなが幸せになる、素晴らしいことがあるでしょうか。

Hさんは、私がコンサルタント側に回ることについて、真剣に考えてくださり、しかもその事業を行うことに必要なプロモーションや、宣伝が得意なプロも紹介すると約束してくださいました。

Hさんとの出会い——この出会いが、まさかここまで人生を激変させるとは思ってもみませんでした。

仕掛け人・佐藤泰平さんとの出会い

ほどなくしてHさんから人を紹介されました。コンテンツや素晴らしいビジネスモデルをもつスペシャリストを世に広めるプロモーションを手がけている、佐藤泰平さんという方でした。業界では有名な『裏の仕掛け人』と呼ばれる方なのだそうです。

「いい人がいるから。きっと身になる人が」

Hさんに菊川のファミリーレストランへ呼び出され、行ってみると、そこにいたのは、強面で日に焼けた、ちょっと怪しい風貌の男性で、無駄に笑わない人でした。そのオーラに、どんな人でも明るく打ち解けられる私でも、口数が少なくなってしまうほど緊張してしまいました。

当時は再上京したばかりでしたから、東京って怖いなと思わず身構えました。芸能界にいた私がそう思うのだから、泰平さんのその雰囲気、想像できますよね。

話を聞くと泰平さんは、海外を飛び回る商社マンの父親を持つ、タイ生まれタイ育ちの方。日本の義務教育は1日たりとも経験がなく、中学高校はイギリス、大学生になって日本に帰国し、サラリーマンを2年ほど経験したのちにタイで起業したという、異色の経歴を持っていました。

もちろん英語もタイ語もペラペラで、タイの交流会をされたり、投資家コミュニティを作るなどされていて、東南アジアに顔が広い方なのだそうです。

話はとんとん拍子に進み、さっそく泰平さんに合宿形式のセミナーをプロデュース・集客していただくことになりました。

どのようなセミナーかというと、中国輸入が流行っている中、欧米からの並行輸入品もプラスして新たな月商を増やすノウハウを合宿形式で指南するというものです。

初めてのセミナー……。今まで芝居や舞台では全然緊張しなかったのに、この時ばかりはすごく緊張したことを覚えています。

「私の話で人生が変わる人がいるかもしれない」

責任は重大です。自分のやっていることや教えようとしていることは、実際に利益を得ているうえに、Hさんからのお墨付きも得ているため、間違いがないという自信はあります。ただ、あまりの緊張で、はたして言いたいことがうまく伝えられるだろうか、と不安で不安でたまりませんでした。

しかし――その不安は会場に集まった人々の顔を見て一気に吹き飛びました。参加者の方々の自分に向けられた真剣なまなざしに、キュッと気が引き締まる思いになりました。

「私の話を聞きに、こんなにたくさんの人が集まってくれている……弱気になってどうするんだ」

と自分に言い聞かせたのは言うまでもありません。

思いだせば子役や女優をしていた頃は、どんなに体調が悪くても高熱があってもドラマの撮影に参加していました。

周りに迷惑をかけたくないという思いが一番でしたが、それと共に「自分に期待し、待ってくれているスタッフや視聴者の方々がいる」という使命感や嬉しさも、どんなに体がつらくても私を動かす原動力だったのです。

参加者の方々の姿を見て、私はその時の自分を重ねあわせ、彼らに自分のできる限りを出し尽くそうと決心しました。

私がHさんに「中国輸入を教えてほしい」とメッセージを送った時の気持ちを思い返し、私に目を向けている人々は皆、あの時の自分のような気持ちであることを考えると、自分に対して不安を抱いていることが失礼に感じてきて、どこからか自信がみなぎってきました。そして気が付けば、夢中でセミナーを進めている自分がいました。

あっという間にセミナーは終わり、最終日終了後は達成感に満ち溢れ、気持ちのいい疲れが自分を包んでいたのです。

私にその自信を与えてくれたのは、セミナーの集客をしてくださった泰平さんをはじめとする方々です。若く、実績もままならない私が表に立ったセミナーに、こんなにも人が集まってくれるとは実は思ってもみないことでした。すべては泰平さんの力なのです。

「この人、本当にすごい人なんだな……」

心から実感しました。その能力やバイタリティの秘密はなんなのだろう。尊敬すると共に、泰平さんの考えている脳みその内側をもっと学びたいと感じました。きっとこの方は私を成長させてくれるはず……と。

その予感に間違いはありませんでした。

世界に目を向けろ～泰平さんの教え～

そのセミナーでは、私は初めて『コンサルタント』としての収益をいただきました。その金額は50万円ほどでしたが、自分が今までやってきたことや強みが、お金に代わるということが衝撃でした。

以降、泰平さんとは、海外コミュニティを作ったり、泰平さんの所有する会社の代表を任されるようになるなど、現在も続くビジネスパートナーとして、共に手を取りあいながら、今は素晴らしいコンテンツを世の中にプロモーションしていくことをやっています。

泰平さんからは、たくさんのことを学びました。

例えば細かいところだと

「食事会などには極力顔を出してください」

ということ。泰平さんの「顔を出せば全員紹介してあげるから」という言葉通り、多くの人を紹介していただきました。

また、プロモーション的なことで言えば

「ビジネスをしたいのなら、プロフィール写真は絶対清楚なものにしてください」

というアドバイスも受けましたね。

それまでのプロフィール写真は、グラビアアイドル時代と同じノリで撮影したものだったので、どこか軽い感じであったのは否めません。

「あなたはこれからビジネスをしていきたいんですよね、お金を稼ぎたいんですよね、だったらそうしてください」

と、淡々と言われたことを覚えています（笑）。

当然のことですよね。もし興味を抱いてもらっても、クリーンでしっかりとしたイメージでなければ信用していただけませんから。

そして、一番の教えが……。

「世界に目を向けろ！」

ということです。

世界、なかでも東南アジアのビジネスの魅力をこれでもかと教えていただきました。

アジアは国によって発展度が大きく違うため、動向を観察していれば、「次に何が来るのか？」を予測できます。どの国も発展していく時は、「どんなビジネスが流行るか」「どんなものが売れるか」というのが、同じような流れなんです。

そう。どこの国も経済の流れは例外なく一緒なんです。

日本が戦後、食に困りました。ですから〝食〟の産業がまずは日本経済を支え、食に困ることがなくなれば〝衣〟である繊維業（東レやユニチカ）が日本の経済を支え、その次に工―住―遊―情といった企業、産業が経済を支えたのです。そして今……まさに日本は〝情報〟いわゆるIT業界が一番儲けているという状況です。

東南アジアに目を向けてたとえるなら、「A国ならまだ遊興にはお金は使われていないけど、建設ラッシュで、建設会社や不動産会社がとても儲かる」「B国は、不動産が終わりかけだけど、遊興にお金を使える人が徐々に増えてきたから、そこに投資していけばいい」――という感じです。

発展カーブに沿ってビジネスや投資をすればいいわけです。そして順調に収益を増やしていき、太刀打ちできない大手が来たところで去ればいいのです。

その判断ができる理由は、私たち日本人が発展の全てを『先に』見てきたからなのです。

東南アジアにどういう経済の流れが来ていて、何をしたらいいのか、そして出口がいつなのかまで、日本人はわかっているんです。だから難しく考える必要ありません。

食物がないのに家を建てるとか、着るものがないのにネイルにお金を使うとか、そんなことは絶対にあり得ません。経済の動きはどこの国も例外なく『食―衣―工―住―遊―情』という流れになる……。発展途中の東南アジアへ行けば、私たち日本人は〝未来人〟なのです。だからこそ、全ての経過を見て来た私たち日本人は成功しやすいのです。

そんなことを、泰平さんから実践を通じて、時には背中で教えられました。

『本物の人物』との出会い方

泰平さんのような、専門性を持っている方や、海外を舞台にビジネスをする方は、今まで出会ってこなかった人種でした。

それまでの私の仕事観には「愛知か、それとも東京か」しかありませんでした。例えば、

「どう稼ごう」となった時に、考え浮かぶのが東京に夢を追いに行くか、愛知でバイトをするか、くらいでしたから。海外なんて発想にも及びません。

私も、私の周りも視野が狭い状態だったので、愛知時代にはネットワークビジネスや怪しいセミナーの誘いがかなりありました。それに引っかかって騙された友人もいます。

今、私がこうやって稼げて今に至るのは、そういう胡散臭いものではなく、泰平さんをはじめとする今現在もそのビジネスを現役でされている本物に出会えたことだと思います。

佐藤泰平さんという、本物のビジネスパーソンに出会え、そこで学ぶことができたのは、何より『自分から動いた』からではないでしょうか。

行動することの大切さについては後でお話ししますが、どのような人とどうやって出会うかという過程も、成功するための大きなポイントになります。

私の場合は、『自ら選んで』Hさんのツールを使用し、『自ら』Hさんの素性を確認したうえで、『自らの意思で』Hさんと繋がりたいとメッセージを送ったことがきっかけでした。

これが私の『初めの一歩』となったのです。

何かをして騙されたり、本物に出会えなかった人は、ファーストコンタクトの時点で相手側の意思で動かされてしまっていたり、相手や物事をよく知らずに飛びこんでしまっています。よく知らない人から発せられるうまい話に乗ってしまうと、相手に舐められ、簡単にコントロールされてしまう悪循環の歯車に組みこまれてしまうのです。

最初に自らの意思で動くことができれば、その後の紹介やいい話に対してちょっと受け身であっても、すでにハードルが上がっている状態のため、完全な受け身よりも内容が厳選されます。また、自分の意思で動いている分、自分への責任感も生じ、心の冷静さを保つことができます。

『初めの一歩』こそ、「誰かに言われたから」ではなく、自分の意思で踏み出すべきです。それが、本物に出会うことの近道になるのです。

よき理解者・大坪勇二さんとの出会い

泰平さんと共に、大型プロモーションをプロデュースしていただいたのが、しごとのプロ出版社長の大坪勇二さんでした。泰平さんと大坪さんはかつて多くのセミナーを共に開催したビジネスパートナー同士です。

大坪さんもこれまた面白い人生を送っている方です。学生時代、バックパッカーとして世界を放浪し、その後、経理マンを経て保険営業マンの道へ。しかし『月の手取りが千数百円』というどん底を経験し、そこから数々の努力とアイデアで手取り月収をなんと1万倍にしたのだそうです。まるでドラマになりそうなほどの驚きの人生ですよね。

大坪さんは現在、その経験と実績を活かし、営業や金融に関するセミナーや講演で活躍をしながら、インターネットの時代における良質な新しいコンテンツやさまざまな情報を発信する会社を経営されています。

後から知ったのですが、大坪さんは私にとって
「この人がいなければ今の自分がなかった」

とも言える人でした。

実は泰平さんは当初、私のことを「全く評価していなかった」のだそうです。

元芸能人、イエローキャブ、2人の子持ち……そんなプロフィールの私でしたから、

(正直な話、こいつは無理だな。そんなにビジネス界は甘くない。何かすごい特技がない限り無理だろう……)

泰平さんはそう思っていたようです。出会った時の口数の少なさや重さは、こういう気持ちから来ていたのでしょうか……。

泰平さんとしては、Hさんとの付きあいもあるので、1回だけテストセミナーを一緒に開催して、それでもうビジネスは終わりにしようと考えていたそうです。しかし、そのことをかねてからのビジネスパートナーである大坪さんに話したところ……。

「いいよ！　この人、おもしろいよ！　こんな人はなかなかいないよ」

と前のめりになった様子。大坪さんは、泰平さんのやる気がないのであれば、自分がプロデュースを引き受けるともおっしゃってくれたのです。それならば、と泰平さんはその後も私と組んでくださったわけです。

大坪さんが泰平さんに私を推薦してくださらなければ、私はいまだにこまごまと物販をやっていたり、パートをして時給で働いていたかもしれません……。

その後、一緒にジョイントベンチャー、つまり共同出資して新規事業の立ち上げをしたプロモーションが成功したのも、大坪さんの尽力や人力のおかげです。

それまで大坪さんが開催するセミナーは、相続や事業承継の講座など40代、50代の男性を相手にするものばかりでした。そんなお堅いセミナーしかやらなかった大坪さんが、『お金の稼ぎ方』『女性』『海外』『グラビアアイドル』など、華やかなキーワードが並ぶセミナーを開催したものだから、大坪さんのファンの方々は、びっくりして興味を持ってくれたのだそうです。

「変化球が当たった」という感じでしょうか？　しかしながら、そんな発端で参加された方も、今では海外ビジネスに目覚め、各国で活躍されている方もいらっしゃいます。大坪さんご自身も、私に影響されてアジアに目を向けることになったとか。人生、何があるかわかりませんよね。

ちなみに、大坪さんがなぜ私を泰平さんに強く推薦してくれたのか、その理由をのちに聞いたところ……。

「うん、舞台演出家の蜷川幸雄が、自分が監督した映画でアイドル起用していたんだよ。その理由を聞かれて、『アイドルは根性があるから』と言っていたんだよね。だから、ゆづきさんにも根性があるのではないかと思ったんだ」

――とのこと。なんだか単純な理由ですよね。でも、その期待に応えられ、最後までやり切ることができました。加えて、「われわれに素晴らしい化学変化をもたらしてくれた」と、高評価をいただくことができ、本当に嬉しく思いました。

きっかけはどこにあるかわからないし、チャンスに巡りあえるかも『時の運』です。しかし私は大坪さんが与えてくださったそのチャンスを見逃さず、誠実に向きあったことで、次に繫げることができました。

きっと、この時の私には、新たな流れが来ていたんじゃないかと思います。その動向が東南アジアの発展カーブのように事前に予測できないのが、厳しいところですが……。

「今」しかない～夫との離婚～

泰平さん、大坪さんと共に行ったセミナーが成功したおかげで、今まででは考えられないくらいの収入を得ることができました。私はそれが子供たちを養っていくために本当に必死に動いた成果だと思いました。

『自ら行動すること』

『自分より素晴らしい人と会い、ビジネスをすること』

このことが、人生を変化させる最短の近道だと痛感しました。

しかし、家庭は相変わらず険悪な雰囲気でした。「お前だけ好きなことを自由にやっている」……そんな夫の気持ちは、以前より増しているように思えました。

当てにされるのも嫌だったので収入のことはほとんど伝えませんでしたが、私が楽しそうにやっている姿や、仕事で海外に出かけるようになったのを見て、面白くないと感じていたんでしょう。正直その気持ちもわかりますが、私自身は子供たちを守っていくことに必死でした。

毎日暮らしていく中で、息苦しくて、不満で仕方ありませんでした。会話もほとんどしなくなり、まさに家庭内別居の状態でした。

ある晩のこと、夫と大喧嘩をしました。

それをきっかけに、思い切って知りあいの離婚経験者の方に相談すると、このようにアドバイスをしてくれました。

「離婚するなら、子供が小さいうちか、あとは成人にならないと無理だよ。子供の心の成長にダメージを与えるから、本当に小さい時か、もしくは子供がすべてをわかったうえで『もう好きにしなよ』と言ってくれるような年代にならないと無理だよ」

私はこの時、決断をしました。

〝今〟離婚する。

父親がいるのは世間的にも当たり前――。今までそうじゃなければいけないとずっと思っていたのですが、もう、そんな固定観念、どうでもいい。父親なんて、いなくてもいい……。はっと気づく瞬間って、ありますよね。完全に我慢していた糸が切れたのです。

今までは「離婚をすることが子供たちにとって悪影響」だと考えていましたが、「今のこの環境が子供にとって一番悪影響なんだ」と感じました。

当時を思い出せば、例えば外食へ行っても子供たちは夫の横に絶対に座りたがりませんでした。いつも怒っている人と感じていたからではないでしょうか。長女は、幼いながらも人の顔色を伺うような子供になっていたのです。

そして、私たちは離婚しました。

最終的に決断をすぐにすることができたのは、手元にお金と仕事があったからでしょう。泰平さんや大坪さんとの仕事で大きな収入を得たことで、「これなら、私一人で子供たちを養っていける」という手ごたえを掴めたんです。

今まで、私の人生で、『お金がない』からということで、自分のやりたいことや決断が阻まれそうになったり、実際に阻まれたことがいくつもありました。

でも、今回はお金があったことで、迷わず決めることができたのです。

お金というものは、人の心を自由にする。生き方の選択肢を広げることができるんだということを、身に染みて感じました。

離婚後は、子供たちも明るくなり、おどおどして自分を出さない子だった長女は男勝りの明るい性格になってくれました。先日行った面談でも、学校の先生からも「ストレートで裏表がなく、活発ないい子です」と言われました。以前と真反対の性格です。息子は昔から明るい性格でしたが、さらに元気になったような気がします。

子供を育てる環境は本当に大切です。

きっと、家族一人ひとりが幸せの道を歩くために、この離婚は必要なことだったんです。

友人との別れ〜「かわいそうな高橋ゆづき」ではいられない〜

私には、十数年親しくしていた、親友とも呼べる友人がいました。

芸能界時代に一番支えてくれた人で、その彼女には当時、会社経営をされている恋人がいました。私のことも妹のように可愛がってくれて、よく一緒にご飯を食べに連れて行ってくれました。

結婚し、愛知に帰ってからも彼女とはずっと連絡を取りあっていて、悩みをあけすけに

相談できる、一番の友人でした。夫婦仲の相談をした時にも、

「離婚して、子供連れて東京に戻ってきたら？」

と、背中を押してくれました。

離婚しても、東京で孤立しても、彼女がいれば、支えになってくれるだろうし、私の味方にもなってくれるだろう……、本当に、信じていた友人でした。

しかし、彼女の言葉通り、離婚に向けて仕事に邁進し、満を持してその決断を告げたところ――。

「夫さん、可愛そうだね」

私の想定問答では、彼女は私の離婚に対し「よかったね」と言ってくれるはずでした。今まで、散々ひどい目にあってきたことを話し、その時はとても同情してくれていたのに、なぜいざ離婚となると、夫の肩を持つのだろう……。

私の頭の中は、疑問符でいっぱいでした。しかも、「離婚しなよ」と最初に言ったのはそっちのはずでしょう？　意味がわかりませんでした。

しかし、よくよく考えてみると、少し前から、彼女にその兆候はあったような気がします。仕事が順調に回り出した頃に、私の説明もよく聞かず、

「そんなよくわからない仕事、辞めなよ」

と言ってきたこともありました。ビジネスの内容が理解できないのかなと、当初は気に留めませんでしたが、仕事のことを口にするたびに彼女から次々と発せられる否定的な言葉に、だんだんウンザリするようになってきました。正直、友人だったら応援してほしかったのに。

（きっと、気に入らないんだな……）

夫の肩を持つ発言がきっかけで、なんとなくわかったんです。

（この人は私の本当の味方じゃないのかもしれない）

不幸だったり、お金がない時は「頑張ってね」って支えてくれていたのに、ちゃんと頑張ってお金を持ちはじめたら、行動を否定し、攻撃しはじめる……。

きっと、彼女にとって私はずっと『かわいそうな高橋ゆづき』でいてほしかったのでしょ

う。優越感を感じられる、自分よりも下の立場でないと嫌だったんでしょう。だから、幸せの階段を登ろうとする私の足を引っ張ろうとしていたのでしょう。

彼女はドリームクラッシャーだった⁉

彼女はいわゆる、『ドリームクラッシャー』と呼ばれる人でした。

『ドリームクラッシャー』とは、自分の存在や不安感を脅かさないコンフォートゾーンから、中にいる人が抜け出そうとすると、「自分の思い描く人でいてほしい、自分のテリトリーにいてほしい」と強く願うため、足を引っ張るような人のことです。

そして身近にいる人にほど、否定的な言葉を使います。

そんな人たちが多用する「あなたのためを思って……」という否定に対する枕詞は、応援でもなんでもありません。

そこで立ち止まって言うこと聞いてしまう人もいるかもしれません。でも私は今の仕事について、彼女にどんなに否定されても、子供たちを育てていくために立ち止まっている暇はありませんでした。

そもそもこの仕事が大好きで、これからの可能性も感じていたから、誰の言葉にも耳を貸さないくらい自信があったんです。


損得だけで人との関係を切るわけではありませんが、人脈の整理も、自分のレベルが上がれば必要なんだということを、身をもって学びました。

仕事の中で知りあった経営者の方々も、昔の友人とは縁を切ったという方がほとんどです。うまく行っている経営者であればあるほど、です。周りの人がドリームクラッシャーである場合もあるし、そもそも話が合わなくなるのでしょう。

私の友人で仲のいい30歳の経営者の女性も、普通の同年代の友人たちとは話が噛みあわなくなっていると話していました。

周りはみんな結婚して子供を産んで、もしくはＯＬをずっとやっているのに、自分は億の金を動かしている……そりゃ、合わないでしょうね。彼女もいい子なので、話を合わせて歩み寄ろうとするらしいのですが、向こうから拒絶反応を出されてしまうのだそうです。相手が表にそれを出さなくとも、存在だけでマウントをとられたような気になるのでしょうか。

もしかしたら、自分のやろうとしていることに反対や攻撃があるということは、『自分が次の段階に行く兆し』なのかもしれません。

成功に近づくと、喜びと共に環境や自分自身が変化することに不安を抱く時がありますよね。それ以上に、周りの人もその人に「変わってもらいたくない」という思いが無意識にあるため、ステップアップのサインが出た時、足を引っ張りたくなるのでしょう。

つまりは、

「身近な人に反対をされた時ほど、もっと行け！」

ということです。逆を言うと、反対された時は不快な気持ちになるかもしれませんが、そのような人も何人か大事にしておくことで、自身の成功度数のバロメーターとして利用することもできます。

私は、我慢することができず、この友人とはもう疎遠になってしまいましたが……でも、いつか笑って話せる日がくればいいと思っています。


私はこの経験から『どんな自分であろうとも変わらず応援してくれる』相手こそが、本当の友人なのだと気づきました。

今、私は多くの素晴らしい友やビジネスパートナーに囲まれています。

泰平さんや大坪さんなどのチームのメンバーは、私のこと、子供たちのことを心からサポートしてくれています。

彼らは私にとって、仕事のメンバーでもあり、大切な〝家族〟だと思っています。人は出会う人でこんなにも人生が変われるんだと、みんなに出会って実感しました。


この年は、新しい人生の幕開けのような気がして、私自身もさらに仕事を頑張りました。

終わりはスタートとも言うけれど、この時期、本当に人脈とともに世界がガラッと変わった時期でもあります。

自分を成長させてくれる、たくさんの刺激的な出会いが他にも多くあったのです。

世界相手のビジネス開始～奥田健文さんとの出会い～

その頃、泰平さんの繋がりで奥田健文さんとビジネスをご一緒することになりました。彼も私に大きな影響をもたらした方のひとりです。

奥田さんはかつて薬局に卸しをしている会社にいた〝月のお小遣い3万円〟の普通のサラリーマンでした。

しかし、そんな状態から、副業としてアジアン雑貨の輸入販売を始め、そして独立し、現在は日本、そしてアジアをメインに、外貨運用・店舗経営・不動産などで資産構築をされ、実業家・投資家として活躍をしています。私もカンボジアのカフェを奥田さんと共に事業オーナーとして運営したり、リゾートプロジェクトなどで一緒に動いています。

奥田さんは、元々、泰平さんのコミュニティにいらっしゃった方です。考えも通じることが多く、会うたびに勉強になります。特にアジアをテーマとしたビジネスや、外貨での資産構築の仕方など、彼の元で勉強したことが私にとって大きな糧になりました。

「〝事業家〟と〝投資家〟の2つの顔を持たなければならない理由」

「なぜ〝アジア〟が良いのか?」

「アジア投資家になることで得られるメリットと、周りに与える良い影響」

「どの国でどんな事業、あるいは投資をすればいいのか」

……など、奥田さんが私にもたらしてくれた様々な実践的な学びをひとつずつ挙げたら、きりがありません。

奥田さんとは国際事業化プロジェクト、のちにアジア投資家プロジェクトを立ち上げ、国内と海外でビジネスや資産構築をしたい投資家さんを集め、多くの利益を上げることができました。私自身も人脈を構築でき、毎月のようにアジアを飛び回ることができるよう

CHAPTER 03

アジアビジネスのスーパートリオ誕生！？　佐藤泰平さん（左）、奥田建文さん（中央）と。

になったのです。

そのおかげで、今、私はマレーシアでは植林投資、カンボジアではカフェのオーナー業やリゾート開発に携っています。それ以外にもタイや上海では、さらなるステップアップをするために起業家交流会を開催することもできました。

やはり実践して実益を生み出している〝現役〟の人からの生の情報は重要で、確実に身になります。簡単に得ることができない故に、得られる教えや経験、人脈の質も変わってきます。インターネットは便利ですが、それだけでは絶対に得ることができないことでしょう。やはりｆａｃｅ ｔｏ ｆａｃｅでなければ、いい人間関係はできません。

日本人のマネーリテラシー～奥田さんの教え①～

奥田さんからは日本人には足りない『マネーリテラシー』も学ぶことができました。

そもそもマネーリテラシーというのは、金融商品やサービスの選択、生活設計などで適切に判断するために最低限に身に付けるべき金融や経済についての知識と判断力をいいますが、日本人のほとんどは「知識」だけに留まり「判断力」がない人が多くいます。そのために騙されてしまう人も多く、海外ビジネスで成功できる人も少ないのです。

お金があるがゆえに、そしてマネーリテラシーがないために、なんちゃらコインといった〝投機〟に走ってしまい、増えてはいるけど手元に残らないお金になってしまったり、結局損をしてしまったり……。「月利○%」という目先の利益ばかりにフォーカスしてしまい、だまされたり……。海外不動産投資に手をつけてみたけどバックボーンが誰なのかもわからなければ、今どうなっているかもわからない……。どこどこの国が許可しているものだからとか、この人が教えてくれたからと他人に依存して、その結果すべてを持っていかれたとか……。そんな人がこの国にはたくさんいます。

つまり、日本人はお金を「稼ぐ」「増やす」までは注力するけれど、「守る」ことができないんです。

世界の富裕層は必ず「守り」から固めます。出口が明確な投資しかやりません。「稼ぐ」「増やす」は二の次で、いかに資産を守れるか？　を考えたうえで投資にエントリーするのです。

そんな私も「経営者として会社の売り上げをどう上げるか」しか考えてきませんでした。しかし、海外のビジネスマンは必ずと言っていいほど『投資家の顔と事業家の顔』という二つの顔を持っています。

日本人はどうしても切り離して考えてしまいますが、投資とビジネスは表裏一体なのです。

「事業家としてビジネスをしていたけど、のちに会社をバイアウト（買収）する」という話になれば、投資家の顔が必要です。特に東南アジアでは頻繁にM＆Aやバイアウトなどが行われています。アジアへ行くからこそ感じるのですが、これからの日本人にも必要な思考です。

そもそも日本人の多くは、投資などから得た不労所得を『あぶく銭』と考えがちです。

でもそれは違います。今、日本の銀行のCMでさえ、カードローンや投資信託を進めるようになったように、「お金でお金を生む」ことをしていかなくてはいけない時代に突入してきているのです。

海外では、不労所得や投資はあぶく銭ではなくて、生きていくために必要な資産構築です。「投資はお金持ちだけがやることだ」なんていう考えは捨てるべきです。

「汗水たらして働いたお金以外は認めない」という思考が日本人にはあり、それ以外は遊び、ギャンブルという意識になっていますが、これはいわゆる『投機』ですよね。だからちゃんと投資をしている人は少ないんです。

これからの時代を生き抜くためにも、安定収入に加え、お金でお金を生むことも必須になってくるでしょう。

最近、女性だけのセミナーに行かせていただいた時に、ビックリしたことがありました。そのセミナーに参加している方々に、

「日本の金利がいくらか知ってますか？」

と尋ねたところ、誰も手を挙げる人がいなかったんです。日本の銀行の金利すら自信をもって言えない人がいるということに衝撃を受けました。

だから、「銀行で預金をすれば増える」という考え方の人がいまだにいるんですね。「お金があったら銀行に預金しなさい」という考えが代々の教えであり、今もなお意識の中に染み付いているから仕方がないのかもしれませんが……。

残念ながらそれが今の日本人のマネーリテラシーなのです。

確かに昔は日本でも増える時代がありましたが、今は５００万円を20年間日本で預けても、５０３万円程度にしかなりません。その一方で、アジアに目を向けてみたら、定期預金で金利が５％つく国もあるんです。もちろん、条件やカントリーリスクを考慮しなければいけませんが、資産を守る方法はあるのです。

また、日本人には『外貨』を持つ機会は旅行に行った時ぐらいしかないかもしれませんが、実は外貨がもたらすメリットは大いにあります。

例えば、円に反発するお金を持てば、お金の価値を下げないことに繋がります。それが世界通貨であればなお利便性は高まります。円高円安での為替差益も狙えます。

「日本経済のみならず世界の動向を注意深く見る」「お金は価値で判断する」……。

奥田さんにお金を取り巻く現状を教えてもらい、その全てが目からうろこでした。私自身のお金に対する考え方をガラリと変えることができたのです。

華僑式チームワーク～奥田氏の教え②～

奥田さんからもそうですが、私が今の海外ビジネスを始め、多くのビジネスパートナーと知りあうことから得たのが、『華僑式のチームワーク』という発想です。

『華僑』とは、中国の国籍を持ったままで海外へ移住した中国人や、その子孫たちのこと。東南アジアに多く在住し、現在もその土地で経済的影響力を持つ人々です。

『中国国際移民報告（２０１５）』によると、華人・華僑の人数は６０００万人に達していると言われています。まさに、「世界経済を背負っている」と言っても過言ではありませんよね。

世界中にあるチャイナタウンは、どこも中華料理店だらけなのに、それぞれの店は潰れることなく繁栄しています。

これは、日本人に欠けている〝ある部分〟が長けているからなのです。

ここであなたに質問！

もしあなたがラーメン屋さんを営んでいたとして、あなたのお店の目の前にラーメン屋さんができたらどうしますか……？

きっと多くの人は「なんでここに作ったんだよ！」と怒りを覚え、潰しにかかろうとするでしょう。

しかし華僑の人々は『横の繋がりを大事』にし、潰しあうのではなく協力してビジネス

CHAPTER 03

一人じゃない。横の繋がりを大切にし、
協力し合ってみんなで大きく稼ぐ……
それが華僑式ビジネス。

を拡大し、『コミュニティの力で守りあっている』んです。

そう、ですから、チャイナタウンがたとえ全て中華料理店でも、廃ることなく繁栄しているのです。


私たちもそんな華僑の方々のチームワークにならい『横の繋がり』を大事にしたビジネスを心掛けています。

今展開している仕事でも、競合している方々から、

「これからプロモーションをするので、どうぞ私たちを紹介してください」

とお願いされることがあります。

普通、「競合ならば遠慮しよう」「プロモーションに協力するなんてもってのほか」と思いがちですが、私の周りのビジネスパートナーたちはみんな快く引き受けます。逆に、私たちもプロモーションをしたい時はその方々にお願いをして、引き受けてもらっています。

なぜかというと、個々の属性があるんです。同じビジネスを行う人でも、得意分野や強

み、性格に至るまで違います。でも、相手にするお客さんは同じ人です。

だから、力を合わせることによって、互いの新規の見込客が循環していき、ビジネスチャンスに繋がっていくわけです。

同じような分野の人や「この人みたいになりたい」という人は、ライバル視するんじゃなくて、仲良くなりに行け——それが華僑の発想なのです。

争いは全然起こりません。「今、どんな感じ?」といった懐を探るような会話もお互い普通にあります。それでも誰かに抜け駆けされるわけでもなく、私の周辺ではみんなお互い均等に儲かっているような印象です。『競合』と言えど、『戦友』のような感覚です。たとえ新規参入があったとしても、新しい仲間が増えて、販路が広がって嬉しいというような気持ちになります。


私はかつて、物販をほぼ独学で、そして家の中で一人っきりでやっていました。言葉の問題など、他人の助けを借りることはありましたが、ほぼほぼ一人でした。

そこでHさんと出会い、多くの人脈を得、物販のノウハウや知識を〝伝える側〟へと転身したのですが、それと同時に主である物販は、人脈によって得たビジネスパートナーに任せるようにしました。今ではそれも『貿易業』といえるまで発展しています。

人に任せることによって、私個人は〝時間と最強の仲間〟を得たのです。一人でビジネスをすることをやめ、チームで取り組むことで収入も、時間も、そしてそのビジネスパートナーがもたらした更なるビジネスの可能性をも、今まで以上に得られるようになったのです。

人に任せると言っても、押し付けではありません。それぞれの分野にはちゃんとしたプロが必ずいらっしゃいます。そんな方々とパートナーとして組むことが、実は商売を成功させる近道だということに気づいたんです。それによって、自分のやるべきことが鮮明になり明確になるからこそ、自分の強みに集中できるようになりました。

チームワークの面では、実は当たり前なのに、日本人ではなかなか気づかないことを、私は何人もの華僑の方々からたくさん教えていただきました。

競合とは仲良くなり、自分より長けている人に仕事を任せることで、最短でビジネスが動く。そして何より最強なパートナーができ、チームになっていく。

それが『華僑式ビジネス』の是非に対する最終的な答えなのではないかと思うのです。

『コンテンツホルダー』側から『プロデューサー』側へ

海外に行くことも頻繁になり、中国の富裕層との人脈構築や、コミュニティメンバーのツアーで毎月のように飛行機に乗っていました。

「せっかく海外に行くのだから」と、旅費ぐらいはペイできるようにと、アパレルの卸売場で商品を仕入れてはキャリーケースがパンパンになるくらい買って帰り、日本で販売もしました。少し前に日本で話題になった、中国人の爆買いも、自分のお土産だけではなく、売る目的で買って帰る人が多かったのだそうです。

その時に開催したセミナーや、コミュニティで多額の利益を上げることに成功したことで、私は新たな決断をしました。

私も、泰平さんたちのように素晴らしいコンテンツを持つ人を世に広める、『プロデューサー』に転身する——と。


そう感じた理由のひとつは、まず、コミュニティに参加してくださった方が、自分にない能力や長けている技能を持ち、なおかつ素晴らしいビジネスモデルやコンテンツを持った人が多かったということです。

「この人たちと一緒にビジネスをしたい」から始まり、「この人たちをみんなに知ってもらいたい」「この人たちの能力を思う存分発揮してもらいたい」と、そう実感したのです。

そして、もうひとつの大きな理由が、「自分にはそのほうが向いている」と感じたからに他なりません。

実は、この仕事を始めた当初、過去の実績もあって、「世界を相手に物販をやっている元グラビアアイドルがいる！」というような売り文句で『貿易アイドル』として売り出してもらっていたんです。要するに、私は「コンテンツ」を持つ、「コンテンツホルダー」の側だったわけです。

そうして多くの収益を上げたわけですが、そこでふと思ったんです。

（このままコンテンツホルダーの状態だったら、すぐに終わるな……）

例えば、アイドルグループのＡＫＢ48は、メンバーは入れ替わり立ち替わりで卒業したり引退したりしますよね。一線から退くと知名度が落ちてしまう人……いわゆる仕事が減ってしまう人だって多くいます。

しかし、プロデューサーである秋元康さんはずっと上に立っていて、しかも他の地方のグループや乃木坂46などのプロデュースをしています。消費されがちなコンテンツの立場より、そちら側＝プロデュースのほうが長続きするのは明白です。

コンテンツホルダーでも長続きしている人はいますが、常に同じようなコンテンツを持っている人は周りにごまんといるため、成功するにはその道を極めなければいけません。

コンテンツホルダーと言えば聞こえがいいけど、結局自分が商品として誰かに売られる側です。

これまでの私は、女優であり、グラビアタレントでありと、自分がコンテンツ・商品となって商売をするコンテンツホルダー側でしたが、結局、当初の夢は破れてしまいました。

そして今の仕事……。正直、自分より知識も経験も多い人には勝てないです。ひとつのコンテンツを極め続けるのもきついと思いました。芸能界の時のように、能力を極めないと、誰も買ってくれない――他のコンテンツホルダーに負けてしまいます。

であれば、せっかくコミュニティでたくさんの素晴らしいビジネスモデルやコンテンツを持つ方々と出会うことができたんですから、その方々のプロデュースをする側に回ればいいのではないかとひらめきました。

コミュニティで出会った方以外にも、世の中には経験値が高く、その専門性を極めたプロが必ずいます。「私が高橋ゆづきです！」と前に出るより、そういった方々をプロデュースし、世に広く紹介するほうが、自分の能力を生かすことができるはずだと……！

CHAPTER 03

素晴らしいビジネスモデルやコンテンツを持った人を世に広める。「プロデューサー」としての活動にシフトしたことで、さらに新たな世界が見えました。

また、素晴らしいコンテンツホルダーと組むことで、事業を新しく取り入れることもできます。すると、収益の柱がもうひとつ、新たにできあがります。ですから、なんでもかんでもプロデュースをするのではなく、厳選をし、なかでもコンテンツの〝再現性〟は一番重視しています。

世の中には〝巨人の肩に乗る〟というビジネス戦略もあるくらいです。そうすることにより、JV（ジョイントベンチャー）という形で互いにないものを提供しあい、双方に利益がある――まさにWIN‐WINの関係を築けるのです。

ちなみに余談ですが、今一緒に仕事をしている『チームアジア』のパートナーたちも、かつてはコミュニティのメンバーでした。今では同じオフィスを共有し、それぞれが〝社長〟として事業を行っています。

日本の会社といえば、ピラミッド型のような組織体制が多いですが、私たちは「社長同士がパートナーシップを組む」というスタンスをとっています。年齢、上下など関係なく、皆それぞれのスペシャリストなのです。だから、意識の向上も、仕事に対する責任感も、成長も早いのです。

起業家が増えるこのご時世、これからこうしたスタイルはもっと一般的になっていくのではないかと思います。

日本人は知らないことや分からないことは、何でも『学ぶ』という思考になりがちです。また、何でも自分一人でやりたがる、抱えこもうとするところがありますが、自分ができないことや苦手なことは、『学ぶ』のではなく、『得意な人と組む』ことが実は最短でビジネスを成功させるコツでしょう。

これこそ、まさに華僑の発想です。

私は華僑の仲間から「収入源を最低10個は持ちなさい」と言われたことがあります。10個の収入の柱を作るとなったら、一人で全ての仕事を行うなんて、できっこない！

ですから、『コンテンツホルダー側より、プロデューサー側で行く』と、軌道修正してからは、新たな事業をどんどん取り入れることに専念しました。プロデュースをさせていただく人のビジネスを取り入れて、事業の柱を増やしていったのです。

仕事にしても日常生活にしても、力を補ってくれる人と組んでやっていったほうが絶対にいいでしょう。

奥田さんからのマネーリテラシーの教えで、資産構築にもアンテナを張るようにもなり、海外ファンドやFX、投資の運用も始めましたが、私は全て代行会社に依頼してやってもらっています。毎日PCと向きあって自分がトレードするなんて、うまくいく自信もないし、時間の無駄だと感じてしまうのです。

何より私は『経営者』『プロデューサー』としての仕事、自分が向いている、自分が得意な仕事だけに注力したいのです。

それが、私流のやり方です。

笑いながら稼ぐ女

CHAPTER 04

1億稼ぐ女に成長した秘訣

自分を変えるのは「行動」と「出会い」

私の運命が動き出したのは、やはり、物販をしていた時に使用していたツールの開発者・Hさんにコンタクトをとり、実際に会いに行ったことからでした。

それが2015年のこと――つい3、4年前のことです。

その時は、前の章にも書いた通り、「人生を変えたい」という気持ちでいっぱいでした。

そしてその気持ちが『行動』に繋がり、その行動によってもたらされた『出会い』が私を変えてくれました。

「1億稼ぎたいなら1億稼いでいる人と組みなさい。10億以上稼ぎたいなら10億以上稼いでいる人と組みなさい。情報の質も人脈の属性も比べ物にならない。あとは真似をすればいいんだよ」

この〝華僑の教え〟は、本当にその通りだと思います。

思考、常識、生活、価値観……人との『出会い』、人脈によって、すべてがガラリと変わりました。多くのビジネスパートナーやクライアントの方々と出会うたびに、私自身がアップデートされていくような気がするのです。


Hさんとは現在、少々ご無沙汰になっていますが、その後の多くの出会いのきっかけになったことを、今でも本当に感謝しています。

私の『行動』は、最初は単に『メッセンジャーでメッセージを送信しただけ』かもしれません。それでも、赤の他人にメッセージを送信するのにはとても勇気が要りました。しかし、その勇気があったおかげで、今まで自分のテリトリーにはいなかった多くの力のある方々とも知りあうことができ、世界が変わったのです。

今の私はその時の小さな行動と、それがもたらす出会いによって形成されていると言っても過言ではないでしょう。

さあ、みなさんも、勇気を出して行動してみましょう。
きっと、その気持ちが出会いのきっかけになり、世界は変わっていくと思いますよ。

ではどうやって自分よりすごい人と出会えばいいのか……。
この章では、このことについてお話ししていきたいと思います。

『自分よりすごい人』と出会い、組む方法

ひとことで『出会い』が大事と言っても、やっぱり質が大事です。ステップアップしていくためには、『自分よりすごい人』と出会わなければなりません。
『すごい人』とひとことで言うと、なんだか小学生の感想みたいですが……要するに、自分よりも『レベルが高い人』のことですね。属性というよりは、スキルのレベル、世界観のレベルが高度で、幅が広い人です。

それに、経験値が高いこと。いいことも悪いことも経験されている方です。全部経験した人から教えてもらうことによって、逆にリスク回避もできます。泰平さんしかり、大坪さんしかり、奥田さんしかり……、私の周りにはそういう人がたくさんいます。

反対に、『すごくない人』と付きあうことは、自分の視野が狭くなることになるので、気づいたら早めに抜け出したほうがいいでしょう。

また、今いる環境に居心地が良いと感じているのなら、それはあなた自身の成長と可能性を妨げていると思ってもいいでしょう。多少緊張するぐらいの場所が、あなたを成長させてくれます。

私も『すごい人たち』と出会う前は、今日と明日の生活しか見えていませんでした。想像力がない状態というのでしょうか……そんな中では、絶対に世界に目を向けた発想なんか生まれません。実際にその頃は、「人生逆転させるために、何かやってやろう」と思いつつも、具体的なアイデアなんて何も浮かんでいませんでした。

今の私のすべてが『すごい人との出会い』によってもたらされました。自分一人では、ゼロからでは、何も生まれなかったでしょう。

人との出会いは力になります。今まで接してこなかったような人ほど、未知数なので希望が持てます。すごい人であればあるほど、安心感も持てますし、自分の行動に自信が持てます。わからないことがあったら、頼ることもできます。

これだけの縁に恵まれたということは、ずっと自分の強運のおかげなのだと今まで思っていました。しかし最近、無意識に自分が『選別している』ことに気づいたのです。すごい人が周りにいることで、自分の目が肥えてきているからでしょう。

全部平等で、足りないものをみんなで補いあって、ひとつの大きなプロジェクトを成功させる——。私たちが行っているようなビジネスの仕方においては、『誰と組むか』ということは、それこそ生死をかけるような大事なことです。良きビジネスパートナーの選び方を、すごい人と一緒に過ごすことによって自然と植え付けられたのではないでしょうか。

よく聞かれることがあります。

それは、「どうしたらそんなすごい人たちと出会えるのですか？」ということ。

私自身、新しい人脈を開拓するために、経営者のコミュニティに毎年かなりの金額を払って参加しています。私の目的は、講師に会い、そこに来ている経営者の方々と仲良くなること。それだけです。

もちろんそこには、成功者と言われる人が多くいらっしゃいますし、学ぶこともレベルが高い内容ですし、一緒にビジネスをしたいと思える、素晴らしいビジネスモデルやコンテンツを持っている方も多いです。

しかし大事なのは、その場所にはその『かなりの金額』を払った人しかいない、ということ。そう、『そういう環境である』ということなんです。

〝いい人脈〟というのは、作るものではなく、環境に入ることであり、どこの環境に属しているかというのが大事なのです。

私自身がセミナーを開催していても思うことですが、参加料3000円のセミナーに来る人と、3万円のセミナーに来る人とでは、大きな差があります。もちろん、3万円のほうが意識も属性も高いです。これは当たり前のことなんです。

資金がありません、時間がありません……。ビジネスを始めたいという人からそんな言葉を耳にすることがあります。しかし、ないないと言っていたら、一生ないでしょう。ないものを作り出すアイディアがビジネスには必須なのに、ビジネスを始める前に、ないない言う人とは仕事をする気になりません。

だって、私も家事・二人の育児・仕事、何足もの草鞋を履いているので時間なんて全くありませんからね。そこをいかにうまくやるのかが鍵であり、自分との勝負なんです。

何かを始めるにも、どこかで決断することが必要です。決断するためには勇気が必要なんです。

――となると、Hさんと最初に会い、私の人生が変わったのも、『運』などではなく、『行動』の結果としての、必然の出来事だったのですね。

『一緒にご飯』が最高の商談

昨今ネットを通じて、SNSやアプリなど、様々なコミュニケーションツールが出てきていますが、人と人とのかかわりにおいては、シンプルに行動を起こす、というような『アナログ』なアプローチのほうがうまくいくのかもしれません。

例えば、私にとって『最高の商談』とはどういうものかといえば……それは『相手と一緒にご飯を食べること』です。

夜に一緒にご飯を食べてお酒を飲んでいる時に仲良くなってビジネスの話をして、翌日の昼ぐらいに真面目に契約をする、というのが、私的にベストなやり方です。

ちなみにこれは、華僑の方々もやっていることです。

中国人の方々は商談において、まず最初にお酒を飲んで人間関係を構築すること、『仲良くなること』をします。一緒にご飯を食べて一緒にお酒を酌み交わした人とこそ一緒にビジネスをしたいというのが、中国人のやり方です。また、タバコを勧められたら完全に〝ファミリー〟の仲間入りです。

環境に入り、人間関係を構築できたなら、あとは極力相手とお会いするようにしています。もちろん何かのお誘いをいただいたら、必ず行くようにしています。

それは『いい情報』を得るためです。そう、いい情報というのは、絶対に『人』からしか得られない、ということを理解しているからです。

知識は本でもネットでも得られますが、情報だけは人からしか得られないのです。知識を得ることと情報を得ることの差は雲泥の差なんです。

いい情報は人からしか来ない……これは〝絶対〟と言い切れます。

あなたがもし、一緒にビジネスをしたいと考えている人や、ビジネスで目をかけている人に「ご飯食べに行こう」と誘っているとしましょう。相手から何度も断わられたら、最

杭州にて、中国企業の新年会に招待され参加しました。新年会はまるでディナーショーのよう！　この社長は弱冠33歳で200名の社員を抱えているんです。中国はまさに今、若い層の人たちが経済を担っています。

終的にはもう誘わなくなりますよね。じゃあ、『何度も断る人』と『いつも断らない人』……どちらにいい情報を伝えたいと思いますか？　それは後者のはずです。

どんなにネットで便利になった世の中でも、人と会うことは大切なことですし、フットワークの軽さと行動力もビジネスには必要です。

私も実際に、中国からのお誘いで「明日上海に来れる？」というような連絡を日本で受けて、すぐに行ったこともあるくらいです。

また、海外への視察ツアーや投資先の見学などは、お客さんやビジネスパートナーと共に足を向けるようにしています。

一緒に海外へ行けばさらに仲は深まります。相手の良いところも悪いところも見えるんです。習慣や価値観、考え方はもちろんのこと、海外コンテンツホルダー向きかどうかなど、その人自身の適性もわかります。同時に自分のことも知ってもらい信用してもらうこともできるので、一石何鳥にもなるんです。

「すごい人と組む」ことの威力

すごい人と組むことで、もたらされるメリットはたくさんあります。自分の力では絶対に手に入らなかったものが、たやすく手に入ることだってあるのです。

ビジネスで知りあった中国の方がいるのですが、その方は中国人であり、なおかつ年間参加費1500万円以上を払えないと加入できないという経営者コミュニティに入っているんです。また、年商10億円を超えていることも条件。入りたくても入れない人が多いのだそうです。もちろん、私たち日本人は絶対に入れません。

でも、その中国の方と親しくしているおかげで、そのコミュニティに入っていないにもかかわらず、素晴らしい人脈を紹介してくれているんです。『年間参加費1500万円のコミュニティ』に来る中国人というのは想像も絶するほどのレベルの高い方々です。そして中国でもかなり大きな会社を経営されています。そんな人と、普通に知りあえてしまうわけです。

これこそ、『すごい人』と組んでいたからこそ実現できることです。

だから、私は、たとえ参加費が数百万円する日本の経営者のコミュニティも、「もったいない」「無駄だ」なんて思ったことはありません。それ以上の利益がもたらされることはわかっていますからね。直接的な契約に繋がらなくても、もっと別の価値のある方を紹介してくださることもあるので、いいことばかり。まさに『わらしべ長者』です。

私がこうして海外へ行きながら、好きなことをしながら仕事ができているのも、やるべきことだけに注力し、自分がやらなくていいことは『すごい人たち』に任せているからです。決して楽をしているわけではありません。『餅は餅屋』という言葉があるように、適性、得意分野がそれぞれあります。

下手に自分で取り組んだり、時間をかけて勉強するぐらいなら、経験値の高い各プロに任せて、加速させることのほうが重要だと思います。そうして組織・チームがつくられていくのです。

自分が人より上へ立って何でも指示をする……そんなかたちでは、他人の素晴らしい点を素直に受け入れることができなかったり、下の人に〝教えること〟ばかりに時間を要することもあるので、ビジネスは加速しません。自分よりレベルが高い人、長けている人と組むことが、ビジネスの最短・最速です。

だから、「自分は何もできないから」とためらっている人ほど、出会いを求めて行動してほしいのです。自分では何もできなくても、色々な人と組むとできることがたくさんあります。そして学び得られるものの質は高いのです。

そして、言い方は悪いですが……人に利用されることで、自分ができることが見つかるかもしれません。『すごい人と組む』というのは、こういう利点もあるわけです。

これからは日本もこういう華僑的な協力しあえるビジネス展開をしていき、様々な可能性を広げていかなければならないと思います。

あなたは一人で頑張っていませんか？

「場持ちのプロ」高橋ゆづき

私は、女性ということもあり、明るく人見知りをしない性格もあって、人と人を繋げる橋渡しをしたり、表に立ったりするような時は、他の人に頼られていると思います。これは、自分が今まで生きていて、ほとんど意識していなかったスキルでした。

そのことにまず気づいてくれたのは泰平さんでした。頭の中でずっと計算をしながら、どうしたら私をうまく使えるのかを、プロデューサー的な視点で考えてくれていたようです。自分とビジネスする相手に対して、私がクッションに入ったほうがうまく物事が進むだろうなどと想定し、能力を見出してくれたのです。

誰しもコミュニケーションにおける欠点がある中で、私は皆のそれをカバーできる存在だと周囲から言われています。大事な商談の場に呼ばれ、契約成立に一役買ったこともありました。しまいには、『場持ちのプロ』と呼ばれるまでに（笑）。

しかし、誤解しないでいただきたいのは、この役目はビジネスにおいて、誰もができることではない、ということです。私の場合、海外を相手に物販や貿易をやっているという下地があってこそできているのだと思います。

私のやっていることを見て、「私もゆづきみたいな仕事をやりたい」ということを言ってくる芸能界時代の友人もいますが、私はあまりお勧めしません。ビジネスなどにおける基礎知識を、最低でも理解している人でなければなかなか難しいでしょう。

投資先の海外に私がひとりで代表して行って現地との人間関係を構築したり、セミナーの集客をしたり、商談の時に同席していい方向に行くよう、話を繋いだり……自分で言うのもなんですが、『場持ちのプロ』と呼ばれるにはそれだけの理由があると思います。

ギバーとテイカー、そしてマッチャー

しかし、自分の役割を認識していても、「××したら何パーセントくれるんですか?」と、最初から見返りを求める人が必ずいます。

また、人に集客だけ協力させておいて何ももたらさない、というような『人を利用するだけ』という人もいます。

組織心理学者として著名なアダム・グラントの提唱する、『GIVE&TAKEにおける思考と行動』を3つのタイプに分類した概念では、こういう人は、『TAKER』(受けとる人)と言われていて、最も嫌われる存在です。

そして他の2つのタイプには、『GIVER』(「何かをしてあげよう」という意識の人)と『MATCHER』(損得のバランスをとる物々交換タイプの人)があります。

ビジネスにおいては、最終的に幸せが訪れるのはGIVERの人だといいます。GIVERの周りには人が集まりますし、皆この人のために、絶対利益が出るようなことを頑張ろうと思いますから、ちゃんと〝お返し〟がされるわけです。結局誰もが、もちつもたれつの中で生きているのです。

私がどのタイプかといえば……、正直に申し上げて、私はGIVERではなく、MAT

CHERです。WIN-WINで互いに利益をもたらすために、ないものを物々交換しています。だからこそビジネスでは人間関係もうまく行っていると感じています。

一緒に組んだ以上、結果を出さないといけないという責任がありますから、利益を出すことには全力を使います。お客様には求められる価値を、組んだパートナーにはお客様を、最後に私たちはその対価を……というように、ビジネスで組む人は何かしら自分に足りない要素や価値を交換して補いあっています。

今、私と一緒に行動している仲間は、そのことを理解したうえでGIVEをしあっています。私の周囲は、みんなGIVER。結果としてもたらされるものが多いため、私はある意味戦略的にMATCHERになっているのです。でも、それが本当にお互いスムーズで心地いい関係なんですよね。


あなたには、まずGIVERの意識で物事に向きあってほしいです。最初からMATCHERであってもかまいませんが、より多くの人の心を掴むのはGIVERですから。

例えば「お互いの誕生日にプレゼントしあいましょう」と約束しあうより、何の約束もなく誕生日にプレゼントをもらうほうが嬉しいですよね。そして、相手の誕生日には自分が贈ってくれたものと同等かそれ以上のものを贈り、「自分が喜んだ以上に喜ばせてあげたい」という気持ちにもなるはずです。

GIVERでいると、「自分ばっかり与えている」「何も返ってこない」という感情が湧き出ることがあるかもしれません。でも、それでいいのです。

だってあなたはGIVERなのですから。続けていれば、絶対、損した以上の大きな縁や利益がもたらされるはずです。

世の中には、メリットや利益を求める人、偽りばかりの人がたくさんいます。でも、右手と左手で争っても何も得られない……。

結局GIVERが勝利してしまう世界なのです。

この世でたった一人の私……使えるものは使います

私が今、人と橋渡しの役割を担っていたり、集客が得意だというのは、やはり以前に芸能活動をしていたことが大きいと思います。

当時はつらいこともあったけど、こうやって今、ネタにできたり、そこで培ったことが生かせているのは、その時間は無駄ではなかったことのあらわれなのでしょう。

セミナーでも、私のプロフィールを〝つかみ〟としてNHKの朝ドラの子役時代や、『キッズ・ウォー3』に出ていた時の写真を使ってみたり、イエローキャブ時代に出演した時代劇の写真を出したりしています。そういえば、Hさんに初めてメッセージを出した時も、イエローキャブに在籍していたことを無駄にアピールしていましたね（笑）。

もしあなたが今、「過去の経験は無意味だった」なんて感じているのであれば、それは大間違いです。新たなチャレンジをしようと思っている人にとっても、これまでやってきたことは何ひとつ無駄ではないはずです。経験は必ずどこかで活かされますし、あなた自身もそれを活かそうと意識してみてください。

今、あなたの経験や知識を求める人も必ずいるでしょう。『お金の稼ぎ方』といったことだけではなく、マインドやものの考え方といった『内面』に関することが、誰かの役に立つこともあるのです。

私は特別に異色の経歴……と言われればそうかもしれませんが、そこは本当に関係ありません。元は金融関係で働いていたビジネスパートナーも、過去に培ったノウハウをまったく違うビジネスで活かしています。かつては『持っていて当たり前のノウハウ』が、『他に持っている人が少ない場所だからこそ』活かせるノウハウとして、大きな武器になっているのです。

芸能界を引退した私も、実はラジオ出演や映画出演のオファーをいただいています。「女優で花を咲かせるぞ！」と、芸能界時代に夢にまで見た映画出演……それが『芸能人の高橋ゆづき』ではなく、『アジアで活躍する経営者の高橋ゆづき』として出演依頼が今になって来たのですから……どこでどう繋がるかわからないのです。

そんな中、私が『元芸能人』であることを積極的にアピールしていると、ときどき「ゆづきさんって、元グラビアアイドルだって祭り上げられるのはどうなんですか？」なんて言われることがあります。

たしかに、人によっては「昔やっていたことは過去の栄光で、今の自分とは違うから」とか、「芸能界とは違う場所で表に出させられるのは恥ずかしい」と無駄に隠したりする人もいます。

でも私は、全くそうは感じません。元グラビアアイドルとか、元女優だからと紹介されたり表に出してもらえるのはすごく嬉しいし、全く抵抗はありません。「肝が据わっている」なんてよく言われたりもしますが、そこに変なプライドはいらないんです。

芸能界でそこまで上がれなかったというのは、正直、ちょっと負い目と悔しさがある部分です。それでもみんなが、〝今〟の私を見て「すごいね」と言ってくれることで、自己肯定感が生まれました。

芸能界のことだけでなく、貧乏で苦労したこと、離婚したこと、子育てがつらかったこと……過去の私の経験が何かに使えるなら、フルに使いたいと思います。

私もあなたと同じ。この世にたった一人の人間なんですから。

自分の過去はセールスポイント

「元芸能人」という経歴を出すことに何の躊躇もないのと同時に、私は「昔芸能人だったから、その名にふさわしい仕事しかしない」などというような縛りは、自分の中で作りません。

『過去に縛られる』ことを絶対にしたくないのです。

あくまでも、過去の実績はプロフィールでアピールすることにとどめておく。そのあたりはフレキシブルで自由な考えでいたいと思っています。

例えば、ネットの世界。私が芸能界にいた頃は、『テレビ至上主義』みたいなものがありました。当時は現在ほどインターネットの力は強くなく、『ネットで活動している』というと見下されるような、そんな空気がありました。インターネットの番組に出演するとなれば、〝売れていない証拠〟だね……みたいな、暗黙の認識みたいなものがあったのです。ましてやインターネットで物を買うことなんて……。インターネットビジネス＝胡散臭い、信用できないというような固定概念が根強い頃でした（今でも多少そういうところはあるかもしれませんが）。

でも私は、そんな世間のイメージなんてどうでもいいと思いました。インターネットの普及と便利さで迅速な情報性に衝撃を覚え、すぐさまインターネットを介して物販を始めました。胡散臭いなんてとんでもない、むしろこれからはインターネットの時代だと感じました。

するとどうでしょう、現在では、Ｙｏｕｔｕｂｅｒが億の収入を稼いでいたり、テレビでは放映されないインターネット番組が人気を博しているなど、ネットはテレビに迫る勢いを持つメディアに成長しています。物販の世界では、テレビ通販よりもネット通販のほうが主流になりました。

それに加え、インターネットによって個人が影響力を持つ時代になってきました。

私は、芸能界の〝裏の力関係〟を見て苦汁をなめてきたので、本当に自分の力だけで勝負できる時代になったとありがたく思っています。逆にそれは芸能界にいたからこそ、ありがたみを感じることなのかもしれません。本物だけが、裏の〝謎の力〟に左右されない時代になったと心から嬉しく感じています。

ためらわずネットの世界に進出してよかったと感じています。おかげで、芸能界ではなしえなかった、アジア進出や億のお金を動かすことができているわけですから。

自分の過去はセールスポイント。過去の経験は無駄ではなく、場所、環境を変えて誰かに求められる宝になることもある。個の時代に自分の力をフルに発揮する。

それが私の考え方です。

組むべき人の条件

自分よりレベルが高く、よきビジネスパートナーに恵まれるために、私の中の基準がいくつかあります。私の歩みが証明するように、人で人生が変わるので、関わる人の質を見極める力も必要です。もちろん前段でお伝えしてきたように属性の高い環境に入りこんだ先の話ですが。

ここで私が人を見る時に一番重点を置くポイントをお教えします。

それは『素直な人、感謝ができる人かどうか』ということです。

私が身を置く今の世界は、経営者や社長さんが多いせいか、見栄っ張りや強がりな方が本当に多いのです。自分をよく見せようとして「俺はこんなにすごいんだ！」と、ことあるごとに自慢したり、威圧的だったり、能力以上の大きなことを言ったり、自分ではなく知人自慢をしたり、権威性を必要以上にアピールしたり……。

そんな人が、うんざりするぐらいたくさんいます（反面教師でもあるのですが）。

しかし、自分の弱い部分、苦手な部分をさらけ出してくれる『素直な人』もいます。素直というのは、自分に正直な人ともいえるでしょう。心を開いてくれているので、すぐに親しくなることができます。

そして、一緒にビジネスをする時も、互いに能力の把握ができるんです。

「これはどうしたらいいんでしょうか？」

「どうしたらよりよくなりますか？」

信用できる人はいつでもそのように、わからないことを聞いてきてくれます。気張らず、相手の専門性や、相手の能力に対してちゃんとリスペクトしてくれます。皆、お互い成功したいという思いは強いので、嫉妬したり足を引っ張ったりすることは絶対にしません。

私のビジネスパートナーに、山田敬治さんという中国の貿易で大成功を収めている方がいるのですが、彼は特にそういうタイプです。

『すごい人』なのに、自分が何ができないのかをちゃんと把握し、私たちにも説明してくれるんです。苦手分野の仕事には一切口を出しません。仕事を任せたのに後であぁだこうだ文句言う人、いますよね？　そんなことは絶対にないのです。

　奥田さんも、泰平さんも、自分ができないことをやりませんし、アドバイスはあっても文句を言われたことはありません。

　でも、喧嘩をすることもあります（笑）。相手が嫌いとかではなく、互いが本気で結果に向きあっての喧嘩です。うわべだけで付きあっていないからこそ、意見のぶつけあいができるのです。一方的に上から物を言う人ではなく、ぶつけあいができる人こそ、互いを信用できている証です。

　みんなで協力して成功するために、個々の専門的な部分を互いにリスペクトをしあうには、素直な人柄というのが本当に重要な要素です。そして、全てお任せで、なおかつ、うまくいけば、「力を貸してくれたみなさんのおかげです」と、ちゃんとお礼を言える。単純なことですが、こういう『感謝ができる』人も、実はなかなかいません。

山田さんは、10歳以上も年下の私にも腰が低いし、お礼もちゃんと言ってくれます。やっぱり、億を稼いでいる人のそばにいると、億を稼げるほどの情報と人脈の他に、心のキャパシティーも人柄も備わっているんだなと、ひしひしと感じます。そういう人には人望があります。応援している人が周りに多くいるんですね。

もしあなたが、何かを人としようとするのならば、これから組む人の〝周り〟も見てください。その人に人望があるのか、ないのかのジャッジができるはずですよ。

また、これからあなたがビジネスをする時に、次の3つを心がけてみてください。

1：正しい情報を手に入れること
2：正しい情報をくれる人脈を手に入れること
3：正しい判断基準を身につけること

私が常に意識していることですし、これさえ間違いなければ必ずいい方向へ進みますから。

笑いながら稼ぐ女

CHAPTER 05

これから

中国企業と手を組み、世界貿易へ！

今、私は中国の企業と太いパイプを持つ経営者・山田敬治社長と手を組んで、貿易事業を行っています。商談や視察のため、月に何回も中国を訪れています。

『中国で商売』と聞くと「偽物やパクリが多そう」「胡散臭くて騙されそう」というような悪いイメージを持つ方も多いかもしれません。

しかし、実際はどうだと思いますか？

現在の中国はかなりのスピードで発展し、富裕層が多い国です。実際中国の都会エリアに行けば、日本よりも先に進んでいます。

私がよく訪れる杭州という場所は、西湖という世界遺産もあり、多くの人たちでにぎわっています。ちなみにこの場所は、世界でも最先端な事業や上場企業がズラリと並んでいる中国の中でも注目のエリアです。特に〝アリババグループ〟という世界でも有名な企業があることで有名です。

山田社長は、そのアリババ関連会社とのパイプを持ち、アリババ本社にも入れる日本人なのです。

ちょうど昨年、ニュースで話題になった、11月11日の〝独身の日〟をご存知でしょうか？〝11月11日〟とシングルを意味する〝1〟が並ぶことから、独身者が自分へのご褒美として買い物をする日となっています。この日の波に乗り、中国で年間最大のインターネット通販セール、中国最大のECサイトであるアリババにて開催されました。

アリババグループはアジア№1の資産家と言われているジャック・マーが創業させ、今では85兆円もの市場を牛耳っているとも言われています。

昨年2018年の独身の日ではなんと、セール開始〝2分〟で、1600億円を売り上げ、前年にこの独身の日の取引額が2兆7500億円だったのに対して、これを夕方の時点で更新し、最終的には3兆5110億円まで達しました。

この取引額、たった1日ですよ。たった1日……。日本のショッピングサイト、アマゾンの〝年間〟の取引額は約2兆円、楽天でさえも2．6兆円ですから、アリババグループがどれだけすごいことか、おわかりいただけると思います。

アリババは中国の経済を支えています。そんなアリババの関連会社の社長さんは、起業してたった3年で年商10億円の会社へと成長させました。これって日本では、よっぽどの逸材でなければ実現不可能な数字ですよね。

この成功は、社長さんのビジネスセンスももちろんですが、〝市場があること〟も大きな理由です。中国だけでも約13億人の民がいるので、やはり市場の違いと大きさは桁違いの結果を生むのです。また、30代そこそこで何百人も社員を抱えている人がたくさんいます。そう、今、中国の経済は若い人たちが経済を支えていて、発展させているんです。

それを見て私はふと思います。

「自分とたった1歳か2歳しか違わないのに、何でこの経済格差なのだろう？」

正直言って悔しいです。その点の考えが遅れ、社会の仕組みが凝り固まっている日本で

CHAPTER 05

桁違いの市場、桁違いの取引額を誇る中国のアリババグループ。この発展ぶりをただ見ているだけでは、もったいないでしょう！

は到底無理なことでしょう。

中国は日本より数十年先に行っている——心からそう思います。中国を訪れると、まるで未来に行っているかのような感覚になります。会社の入り口は顔認証ですし、飲食店ではテーブルにQRコードがあり、メニューが見られるだけではなく、注文から決済まででてきてしまいます。そのあとに店員さんが注文した物を運んできてくれる。駐車場もガソリンスタンドも屋台もチップでさえQRコードで決済。しまいにはコンビニで紙幣を出すと嫌な顔をされる。キャッシュレス化もそうですが、この最先端ぶりはキリがありません。

こんなことを肌で感じると、このままでは本当に日本人は世界から取り残されてしまうのではないかと、危機感さえ覚えます。しかし、ここで指をくわえて羨ましく思うのだけではもったいない。中国の方々と手を組んでいくことが重要だと思います。

先方も、日本人とコネクションがあるというのは実はステイタスなんです。『日本人』という特権は、はっきりいって、使えます。日本製という称号は中国の方々にとってはブランドです。ニセの日本製品が出回るくらいですから。

Made in JapanよりMood in Japan

ちなみに独身の日で、一番売り上げた商品は、『日本製品』なんです。数年前まで話題になっていた、来日中国人富裕層の〝爆買い〟。今ではなりを潜めてしまったように見えますが、中国人の〝爆買い〟は、ネットという形に変わり、今でも衰えることなく大人気だという事実がこのことで証明されました。しかもネットですから、中国人のみならず世界中から購入されています。

『日本製品』と聞けば、企画から製造まで日本でなければいけないと思われがちですが、そうではありません。特に今、中国や世界の買う側（バイヤー）は完全な『Made in Japan』ではなく、『Mood in Japan（ムードインジャパン）』が求められています。

私たちが名付けたこのMood in Japanとは、販売元が日本人で、製造は他国の商品のことをいいます。「企画、アイディアが日本人なら製造はどこだって良い」、これがバイヤーの考え方なのです。

イメージしやすいのが、百円均一ショップの商品。百円均一ショップの商品は多くが中国製にもかかわらず、日本に観光に来た中国の方はこぞって購入しています。へんな話かもしれませんが、それが世界から見た日本製であり、バイヤーからすれば、『企画、アイディアが日本』というだけで十分なのです。

これが世界の日本製の認識です。特にＢｔｏＢ（Ｂｕｓｉｎｅｓｓ ｔｏ Ｂｕｓｉｎｅｓｓ＝企業間取引）の場合であれば、安い場所で製造をしてくれたほうが、単価が抑えられるのでそのほうが嬉しいんです。

そんなわけで、Ｍｏｏｄ ｉｎ Ｊａｐａｎのものを含め、中国には多くの日本製品が集まっている現状があります。そしてそのことによって、面白いことが起きています。なんと、世界中のバイヤーが『中国に日本製品を』探しに来ているのです。

これは、足を運んでくる場合（展示会）とネット上の両方です。物販をやっている日本国内の方々、特に輸出をしたい人は、日本製品を販売しにわざわざヨーロッパやアメリカに行こうとしています。

しかし、今はB to Bですらネットでできてしまうため、中国の大手ECサイトに出店したり、マーケティングやプロモーション会社と手を組んで販売することで、各国のバイヤーたちが購入し、効率よく勝手に広めてくれる構造になってしまっています。中国から世界へ物が流れる仕組みになっているんですね。

〝貿易〟といえば、昔は商社や大手企業しかできなかったのが、今では個人でもできてしまう時代になったのです。しかも中国は、私たちの住む日本から3時間で行けるお隣の国。ヨーロッパやアメリカに売りに行くよりラクですよね。ですから、もっと多くの日本人が、日本人の特権を活用して、ぜひ世界販売にチャレンジしてほしいと思います。

中国の市場で活躍する若い社長さんたちも、その点に目をつけ、日本製品を世界に販売して膨大な利益を得ていたり、日本のガチャガチャなど、日本コンセプトの品々をプロデュースして急成長している現状があります。

それを見て、なぜ中国人がやるのか？　日本人がやるべき、やれるべきビジネスなのに何故なんだ？　と、私は不思議でたまりませんでしたし、悔しくもなりました。

だからこそ、私は山田社長と共に中国企業と手を組むことにしました。中国とのビジネスは他が躊躇えば躊躇うほど、魅力的に感じます。

日本製品を求めている中国人や世界の人々がそこにいて、商品を売りたい私たちがいる――そんな、個々のニーズをマッチングしてあげることで、おたがいがＷＩＮ－ＷＩＮの関係になってビジネスが生まれます。

私はそれを見極めて、橋渡しをする役目をこれからも担っていきたいと思います。

山田社長の苦節と成功、そして今

そんな中国企業とのパイプを作り上げた山田敬治社長が経営する（株）ベルコムの本社

は山田社長の生まれ故郷である岡山にあります。

地元が岡山の山田社長ですが、若い頃は大阪に出て、関西圏を中心に活躍していたバンドマンでした。しかし、うまくいかず夢破れ……。

そのため、当時付きあっていた彼女と結婚を機にUターンし、家業の電気工事の会社で働きはじめました。結婚を機に地元に帰る——なんだか私みたいですよね。親の実家がお互いに九州ということもあり、山田社長と私はすんなりと親しくなることができました。

その後、山田社長は実家の電気工事の会社で数年勤務したのち、独立することになりました。某警備会社の下請け会社として、起業をされたのですが、警備会社の下請けでしかも自営業ということは、必然的に365日24時間勤務となってしまいます。

「泥棒は休まないんだよ」

そうおっしゃった山田社長のひとことが今でも印象に残っています。

当時は会社の収益も従業員に支払わなければいけないので苦しかったと言います。

山田社長はずっと作業着を着て、電話がかかってきたら出掛けて行って……の繰り返し。休まず5年間働いたのだそうです。すると、必然的に心身ともにガタが来ます。仕方のないことです。とうとう山田社長は、体を壊してしまったのでした。

そこで、メインの事業以外にもうひとつの収入の柱を作るために、物販を始めました。しかし、戦略的に考えて始めたわけではなく、

「防犯カメラの設置業務をやっていたから、防犯カメラを売ろう」

程度の簡単な気持ちでやっていたのだそうです。でも、全然売れなくて……。1年半くらい経過した後、やっとひとつ売れたと思ったら（遅！）、実は赤字で販売していたらしいのです。関税、送料、出品料、全くのどんぶり勘定でやっていたらそうなりますよね。

税理士さんに、

「山田さん！　なんなんですかこのお金の状況は！　こんな状況でやっていたらあと半年で会社潰れますよ！」

と言われてはじめて気づいたとか……。

しかし、そんな状況から一念発起し、2、3年で年商3億円くらいに持ってくるのだから、まさにすごい人です。そして今や、大手中国企業とのパイプを構築したのですから。

「まさか岡山から、日本のみならず　世界に物が売れるとは思ってもみなかった」

「電気工事業で365日間、休みなく働いていたので、もうひとつの事業の柱を構築しなくてはと思ってはいたけれど、まさかその事業が〝貿易〟だとは、自分自身も思っていなかった」

山田社長は今でも口癖のようにおっしゃいます。

成功してからは、時間にゆとりができ、月に半分は仕事を絡めながら海外へ行くほどのビジネスパーソンになりました。

元バンドマンで、数年前まで貿易に無縁だった田舎社長が、『日本一の商品を扱う物販のプロ』と呼ばれるようになるのだから、私もそうですけれど、人生何があるかわからないものですね。

大企業しかできなかったことを、私たちができる！

山田社長は、そもそもは私が泰平さんと開催した海外コミュニティのメンバーでした。私はもうすでに個人物販からは手を引いているのですが、かつての経験者から見ても、山田社長が提案するコンテンツは内容が実務的で素晴らしく、いつも感心しています。

物販は『安く仕入れて高く売る』といった非常にシンプルなビジネスモデルですが、労働量は半端なく多く、大変です。

リサーチ、仕入れ交渉、仕入れ、日本への発送、商品管理、アマゾンならアマゾン倉庫への発送、商品ページの作成、商品の撮影、商品説明の文章、お金の管理……などなど。

本当にやることが多いのですが、それを会社の事業としている山田社長は、それを全て自動化できる仕組みを持っており、その環境を全て提供するアカデミーを作っていらっしゃいます。

自動車会社のホンダの創設者の本田宗一郎氏でたとえると、本田氏はコンテンツを磨く人であり、その技術を広めた人は別にいました。山田社長のコンテンツに感銘を受けた私は、本田宗一郎のコンテンツを広めた人のように、彼のプロモーションを担わせてもらうことになりました。これこそが、私のプロデューサーとしてのデビューでもありました。

このプロモーションは成功し、物販を収益の柱のひとつとしようとする多くの人が参加をしてくれました。今でも山田社長とこうしてビジネスができることもそうですが、確実に彼自身や、お客様に提供できるコンテンツが唯一無二であり、質のレベルが上がっていくことも嬉しく感じています。

そんな山田社長が短期間でそこまで登りつめた秘訣は、その理念とコンセプトの素晴らしさというのもありますが、何より彼が『行動家』であることが大きいでしょう。気が付けば毎月中国に行っているような人ですから……。

アリババ関連会社をはじめ大手中国企業と繋がることができたのも、ラッキーなことではなく、彼なりの必然ではないかと私は思っています。

ちなみに、山田社長が中国企業と親密になったのは、少々私に関係があるみたいです。1年ほど前、山田社長と貿易関係のプロモーションを新しく始める際の撮影のために一緒に訪れた中国で、現地のアリババ関連の方と山田社長との商談があったんです。実はその時、山田社長はアリババとの関係性がそこまで進んでいなかったそうなのですが、私が同席した途端、ポンポン話が進んでいったとのことでした。

「うまくいったのはゆづきさんのおかげだよ」

何度も何度もお礼を言ってくれる彼だからこそ、なしえた成果なのでしょう。

そんな、世界を揺るがすほどの影響力をもつ企業と太いパイプを持つ山田社長。日本でもアリババに出店したい、繋がりたいと希望する企業や実業家の方は多数いらっしゃるので、私たちは今、その人たちをアリババの本社にお連れするビジネスツアーを企画しています。出店だけではなく、商品の宣伝、カスタマー対応、交渉、販売などの運営全てを代行してくれる企業とのマッチングまでも行っているのです。

〝日本〟をコンセプトにした「ガチャガチャ」の企業様を訪問。中国では日本で流行ったガチャガチャが大人気。しかもモニターとAIが搭載されていて在庫管理から売れ筋、お客様の好みまでITで管理されているんですよ。

アリババ本社には、基本誰もが簡単に入ることはできません。山田社長や私たちの現地のパートナーがいるからこそできることなんです。これはかなり貴重なことですよね。オンラインだけではなく、オフラインでも販売できる会社や、広告会社、ライブコマースの会社など、興味があれば、その場で商談やマッチング、契約することも可能です。このツアーは大変人気があり、先日行われたツアーでもお連れした数社がその場で商談を行うなど、盛況のうちに終わりました。

かつては、大企業にしかできなかったＢｔｏＢ事業。今はインターネットの普及などで、個人でもできる時代に変化してきています。

そして誰と繋がるかで、道は大きく広がるのです。

日本の素晴らしい製品を海外へ販売し、事業を繁栄させたい……。私たちはそんな希望を持つ企業や実業家の方々を、中国企業と繋げる手助けをして、これからも、みんなが笑顔になるようなビジネスをしていきたいです。

未来へ向けて子供へのマネー教育

2人の子供がいる私ですが、子育てにおいては、学校や学習塾では教えてもらえない『生きる術』を教えていこうと思っています。それが親の役目ではないかと。なかでも大事だと思うのが、『マネー教育』です。

そもそも私たち日本人は、ちゃんとお金の勉強をしてこなかったと思いませんか？　それどころか、かつては銀行のCMでも「ボーナスは定期預金で」と何度も何度も繰り返し流され、両親からも、「お金は貯めなさい」と教育され洗脳されてきました。しかしここ4〜5年で銀行のCMも変わり、カードローンや投資信託、NISAを宣伝するようになり、「借りて増やしなさい」と言われているように感じます。

先日驚いたのが、娘が「銀行はお金を借りるところだよね？」と聞いてきたことです。

私たち世代や親世代は、「銀行は貯める場所」というCMを見てきたがために、自然とそう認識していました。しかし今の子供世代からはきっと『銀行は借りて増やすところ』

の認識になるんだと、衝撃でした。

ひとことで言えば、『自分のお金は自分で守る』という方向性になってきたのでしょうが、それでも『貯金至上主義』の感覚はまだまだ根強いです。


今、あなたの手元に100万円があるとしましょう。子供がいる人は、

「子供たちのために置いておこう」

退職間近な人ならば、

「老後のために置いておこう……」

そう考える人が多いと思います。

しかし、その〝置いているだけのお金〟は、〝そのままどうにもならない〟んです。物理的に減りはしませんが、増えもしない。しかし、世界的に見たらどんどん価値が下がっていくばかり……。「お金は〝価値〟として見なければいけない」ということです。

「お金を置いておくだけ」……それは、〝お金の本当の力〟を知っていないことになります。

置いていても、お金は働いてくれません。この愚行は、きっと、昔からの凝り固まった考えからくるものなのではないでしょうか。

お金は「預金する」。この考え方こそが、そもそも今の時代では間違っています。銀行に預ける行為は預金でもなく、日本円に『投資』しているのと同じですから。それは、銀行が私たちの預けたお金の大半を、貸付と国債購入に利用しているからです。すなわち『銀行預金＝投資』です。そう考えれば、投資というのを身近に感じませんか？

あなたの資産を守るために、これからは分散投資をしていかなくてはなりません。銀行は違えど、同じようなところにまとめてずっと預けている——なんて損なことをしているのではないでしょうか。

華僑の方々は、資産を分散して保持しています。〝守る〟にだけフォーカスしているからこそ代々へ継承することが得意ですし、貧乏にならないための策が豊富と言われているのでしょうね。

我が家での実践的マネー教育法

娘は小学4年生になったのですが、そんな小さな子供でも、
「1万円もらったら、5000円は円で、5000円は米ドルで貯める」
と言っています。日常的にマネー教育を心掛けている身としては、娘からその言葉が出た時は嬉しくなりました。

道でジュースの自動販売機を見た時も私は
「昔はね、自販機で80円でジュース買えたのよ。今は80円で買えないでしょう？　ペットボトルはいくら？　160円だよね？　倍だよ！　お金って、物価がどんどん上がっていくのよ。だから、円だけ持っていても、お金の価値は下がっていくのよ」
と娘と話したりしているんです。

私はファイナンシャルのプロではないので、大層なことは教えることはできないけど、まずは身近に経済を感じさせることが大事だと思っています。私も小さい頃、『ギャラ』

というお金に触れていたことが、お金に対して興味を持つようになったきっかけであると思っていますからね。

だから、外貨に触れさせるためにゲーム感覚で、

「中国は？」

「元！」

「ＥＵは？」

「ユーロ！」

「タイは？」

「バーツ！」

……というような、単位を当てるクイズを出しあったりすることもあります。小難しい話で教育するより、最初の第一歩が身近で楽しければ、興味はどんどん広がっていくのではないでしょうか。でなければ、子供たちはすぐに飽きます。

娘が小学校2年生の冬に、実際に体験させた思い出深い出来事があります。

ふたりで商店街を歩いていると、お花屋さんに松ぼっくりが50円くらいで売っていました。

「ママ、松ぼっくりって売れるの？　落ちているのに？」

娘は目を丸くして驚いていました。私がすぐさまフリマアプリやオークションサイトで調べたところ、松ぼっくりが１００個１０００円で売っていたんです。工作やインテリアに必要な人がいるのでしょう。私は娘に提案しました。

「じゃあ、１００個集めたらママが１０００円で買ってあげる」

目を輝かせた娘は、その日から、公園で遊具で遊ばずに松ぼっくりを集めはじめました。

そして数日後、本当に１００個集めて持ってきたんです。

約束なので、当然、１０００円で購入してあげました。

娘はその１０００円を大切に、いまだに使わず、大事に持っています。お小遣いは使ってもこのお金だけは決して触りません。このお金はそれでいいんです。自分で稼いだ、初めての大切なお金なのですから……。本人の中では何千万ほどの価値になるものでしょう。

それ以来、お金を貯めるにしても端数は貯金箱、お財布には千円単位、貯金箱のお金はいつか夢ができたら使う、などと、ちゃんとお小遣い帳に書いてマネーコントロールもやろうとしています。

そして、何よりこの子の勉強になったのが、

「捨てるものや要らないと思ったものが、他の人には価値があり、お金に代わる」

ということが理解できたことです。私も最初に物販を始めたきっかけが要らないものを売ったということでした。このことをきっかけに、この子たちがどんどんお金や経済に興味持っていってくれればいいですね。


世界の個人金融資産に占める現預金の比率は、米国が13%、イギリスが23%、ユーロ圏が33%に対して、日本はなんと、52%です。先進国の中でダントツに高いのです。

そもそも現金に頼る思考は後進国の考えです。しかし現金に頼っている日本人――マネー

リテラシーが低いのは、そもそものマネー教育の差があるからではないでしょうか。お隣の中国や韓国でさえ金融の授業があります。

この差を埋めるためには、まずは自分のところから子供たちに教えていかなければならないと感じています。この子たちがいつか海外へ出た時、恥ずかしい気持ちにならないためにも……。

笑いながら稼いだその先に～自己犠牲なき社会貢献～

仕事でアジアを飛び回っていると、特に東南アジアではまだまだ発展途上であることを身に染みることが多いです。

現地に行くと、子供たちが私の元に寄ってきて

「ワンダラー、ワンダラー」

と物乞いをされることがしょっちゅうあります。その純粋な瞳に同情し、すぐお金を渡

することはできるのですが、渡したお金はそれですぐ終わってしまうでしょう。

私は、投資をしたり、何かプロジェクトをしていくことによって、その人たちを救っていけるものをやっていきたいと考えています。

私が最初にアジアを投資先にしたのは、いまだ発展段階だったゆえ、かなり『おいしいエリア』だと見越したからです。しかし、投資をするなどの様々なプロジェクトに携わることによって、自分が今やっている投資は、その国の人の雇用を生み、その人のみならず家族を潤わすことにもなり、結果最終的にその国の発展に繋がっていることなのだと気づきました。

これは『自己犠牲のない社会貢献』だなと……。

それから、その言葉は私がお金を稼ぐうえで、大きな目標となりました。

私は、先日、バングラデシュの男の子のチャイルドスポンサーになりました。なぜアジアにしたかというと、私はアジアで利益をもらって、私はアジアで潤わしていただいているからです。アジアにその恩返しと貢献をしたいという気持ちなのです。

「自分だけ稼いでハッピー」なんてことだけじゃなくて、その地域に貢献していく。貢献しながら、それがビジネスモデルとして成り立ったら、なお最高ですよね。

日本でも、私たちは共同で障害者のグループホームに投資したり、訪問看護ステーションもしています。非課税、国から助成金をいただけるなど、レセプト事業のため、確実に収益をあげることができます。

福祉施設やサービスというのは、実はすごく求められていて、入所待ちをしている方もたくさんいらっしゃいます。この事業は、社会貢献性があり、かつ収益性のあるビジネスモデルなのです。お金をいただきながら困った人を助けられる——これも『自己犠牲のない社会貢献』です。

今の日本では、『福祉・ボランティア＝自己犠牲』という認識の人が大半です。

弁慶が義経のため立ち往生で死んだという物語や、子供のために全てを我慢して世話をする母親の歌など……、自己犠牲精神が美徳だと考えられています。

福祉事業なんて最たるものです。福祉事業や保育事業で「稼いでいる」なんて言うと、悪人呼ばわりされてしまいます。そんな、「ビジネスとしての成功ではなく、あなたの人を救う心が大事なんですよ」的な文化がありますよね。

しかし、収益性を組みこまなければ長期的なサポートはできません。福祉事業や保育事業がちゃんと「稼げる」のであれば、誰もが皆、幸せになる形なのです。

日本の企業やテレビ番組で『現地の社会貢献のために』発展途上国に建てた学校が現地には多く存在しますが、今どうなっているか知っていますか？

建物だけ残り、空き家や公民館、公園のようなものになっているという現実があります。そう、運営が停滞しているのです。

なぜなら、建てたあとの〝収益化するスキーム〟を考えていないからです。

建てて喜んだのはいいけど、しばらくすると赤字になり、働く人や先生がだんだん離れていき、結果、運営が破綻していってしまうのです。

「はい学校建てました、すごいでしょ？」

と建ててテープカットして写真を撮って終わり。企業イメージのためでしょうか、本当にそれだけなのです。インスタ映えのためにモノを買って、自慢してすぐ捨てるみたいなのと同じですよね。

現地の子供たちは、学校という建物じゃなくて、教養・教育が欲しいのです。知識や協調性を学びたいんです。たとえそれが本当の善意で行ったボランティア精神からくるものであっても、続かなければ意味がありません。むしろありがた迷惑です。

日本の福祉事業も同様です。たくさんの方が必要としている中で、される側から見て、純粋な奉仕精神で息切れするのと、儲けながら長続きするのはどちらがいいかというと、後者のほうが喜ばれるのです。ちゃんと収益があって、ずっと長くやってくれるほうが助かりますよね。

グループホームをひとつ作るにしても、通常の賃貸者のように2～3年で退去するわけではなくなるから、大家さんも嬉しい。空き家問題も解決します。

そもそも福祉の考え方は日本と海外では全然違います。アメリカとか、ヨーロッパの先進国は福祉が儲かるようにできています。だから、みんな参入しようとして、発展します。

つまり、日本人の自己犠牲精神が、邪魔をしている部分も多くあるのです。

エンジェル投資家であるとか、ノブレスオブリュージュというのとは少し違いますが、

『儲けて余ったお金を』

ではなく、

『稼ぎながら、困っている人を救う、その人も幸せ、私たちも幸せ、みな幸せ』

というような、お互いがＷＩＮ－ＷＩＮになれるような形が一番いいのではないでしょうか。

私はかつて、子供のために、家族の幸せのために、身を粉にして働いたにもかかわらず

結果、何も残らなかった、ということがありました。自分を犠牲にして頑張ったのに、戻ってこないからイライラしたし、たくさん泣きました。

今、私が笑顔で――〝笑いながら稼いでいる〟理由は、自己犠牲をせず、お互いないものを与えあって、作り出したり、協力しあって、幸せを分けあっている実感があるからでしょう。

縁とお金はめぐりものといいます。私は実際に日本や東南アジアをはじめとするアジア地域を中心に儲けさせていただいたので今後もこのエリアに貢献していくつもりです。

『自己犠牲のない社会貢献』、その言葉をモットーに、もっとお金を稼いで、みんなで幸せになるやり方をこれからも模索していきたいです。

賑わいにアジアのパワーを強く感じるタイ・ヤワラートの中華街。アジアには貧富の差が大きな場所もありますが、それでも活気に溢れ笑顔で過ごしている人が多いんです。アジアに行くたびに思うこと……それはアジアに生まれた一人として、アジアに貢献できる活動をしたい！　ということ。だから私は、もっともっと、笑いながら稼ぐ！

おわりに

2019年、ビジネスパートナーと共同で設立したAsian Leaderz合同会社は、One Asia株式会社に名称を変更し、私はCEOに就任しました。

今後は中国企業との橋渡しをすると同時に、5月には私自身も会社で広州交易会に商品を10商品展示しました。今、交渉を続けている最中です。

交易会とは日本でいう多くの企業や商社が集まる展示会のことで、山田社長をはじめとする貿易チームのメンバーは以前の広州交易会で、デッキーズやメイソウといった海外の大手会社と取引をすることになりました。なんと計27万個の大型発注が入ったのは驚きでした。100個ですら日本では大型発注になる感覚なのに、やはり海外との取引は桁が違いすぎます。

また、奥田さんとのアジア投資家コミュニティの募集も今後もしていくつもりです。社会貢献事業も含め、今後もアジアに注力し精力的に活動していこうと考えております。

話は変わりますが――数年前、『キッズ・ウォー』の演者と15年ぶりに会ってきました。みんなすっかりオトナになり、キッズではなくなってしまいましたが……(笑)。

当時のメンバーとお酒が交わせる歳になったんだな、と嬉しく思うのと同時に、人生は本当にあっという間だとしみじみ感じました。金銭的に厳しく、家庭内の雰囲気が悪かった幼児時代、芸能界に入りがむしゃらに走った少女時代、上京するも貧乏だった十代の頃、そして結婚、出産、働けど働けど暮らしは楽にならない二十代前半。そして離婚……。

思えばいろいろなことがありました。しかし、そんなどん底だった私を、その時々で救ってくれたのが『お金を稼ぐこと』でした。

お金を稼ぐということは、生きて行くうえで活力になり、前に進む力になるんです。『お金を稼いで贅沢をしよう』と言う訳ではなく、お金を稼ぐことで『選択の自由を手に入れられる』のです。

何か始める時に人が一番判断に迷うのが、金銭的な問題です。

これが欲しいけどお金がない……。これを始めたいけどお金がない……。ここに行きたいけどお金がない……。全てにおいて、お金が制限をかけてしまいます。

でも、ただ、いつもそれで迷っていて、あなたの人生は変わるでしょうか？　何かを言い訳にしていては現状は全く変わらないし、行動しないと新たな道は生まれません。やはりアクションが大事です。

そして、誰と関わるのか、どの環境に身を置くのかでも人生は左右されます。

たった一度の人生を楽しく彩るため、私はこれからも全力で、そしてスピードを持って進みますし、進みたい人を応援したいと思っています。

日本ではなぜか〝お金を稼ぐことは悪いこと〟のようなイメージがあり、お金を稼いでいる人が怪しく見える風潮がありますが、その意識さえも私は『笑いながら稼ぐ』ことで、自分を生きる証明として、変えていきたいです。


道はひとつじゃないし、稼ぎ方はたくさんある。

人はいくらでも変われるし変えられる。

視野と行動範囲を広げれば見える世界も変わってくるし関わる人も変わる。

レベルの高い人と一緒にいれば、得られる情報の質も意識も上がる。

多くの人に会えば、人脈の選別能力が身につき、自分を支えてくれる信頼できる本物のパートナーが誰だか明確になる。

海外に視野を向ければ、ビジネスチャンスに気づく。経済の流れを知ろうと思うようになるし、外貨に触れればお金は価値で考えるようになる。

これからを生き抜くためのマネーリテラシーや判断力を鍛えることにもなる。


ビジネスでも資産構築の部分でも、個の力を試される時代が到来している今、あなたが『笑いながら稼ぐ』道を見つけてほしいと思います。

そして、あなたがお金を稼ぐことで、救われたり、幸せになる人だっているはずです。

そのための第一歩を、私は心から応援します。

Special Thanks

今の私があるのも皆さまのおかげです。

佐藤泰平様、大坪勇二様、田中宏昌様、武井優佑様、高橋弘樹様、奥田健文様、山田敬治様、秋葉舞様、山岸伸様、蓮見美和様、鈴木百恵様、稲田喬晃様、古澤昌子様、野田義治様、永田博史様、青山貞夫様、安藤弘行様、小森耕太郎様、藤岡洋右様、川村博信様、森卓一様、原田龍二様、田中壱征様、川崎多津也様、古本弘様、木元陽介様、大平直樹様、木下仁様、小堀豊様、大里美穂様、今野洋様、比嘉浩太様、村田尚恵様、上野玖末子様、齋藤大幹様、中田祐介様、松井舞起様、奈良有樹様、橋本和也様、中西謡様、磐崎文彰様、女里山桃花様、村上宗嗣様、北野哲正様、松本剛徹様、中里誠様、山田知佐枝様、福田 亘位様、福田マオ様、杉山充様、田島大輝様、今井孝様、古山正太様、大谷正光様、小原恒之様、田中英明様、江口瑶様、桐生将人様、大戸要様、木下 昌英様、渡辺哲也様、望月祐臣様、古城圭祐様、田中智之様、瀬尾直公子様、山田翔吾様、定森則明様、相原吉明様、牧田博様、能登勇太様、横田ジュンイチ様、清水弘様、右田和也様、WTAの皆様、TAIの皆様、内田達仁様、大須賀祐様、佐藤大介様、三山純様、加藤行俊様、西田文郎様、西田一見様、佐藤剛司様、濱本和重様、北林邦夫様、石崎絢一様、苅田和哉様、花田敬様、中井 隆栄様、柳田厚志様、今努様、横森一輝様、伊藤健一様、藤井 宏和様、遠藤誠様、原田正文様、田中英明様、窪田照正様、長谷川哲哉様、大橋英紀様、森下大貴様、藤井淳一様、さおり様、望月大地様、小崎伶様、岸岡哲央様、奥達哉様、柳内学様、Julia Villanueva様、Kim Eliza様、宮沢毅様、柴冨ゆきこ様、風間敏弘様、江上治様、笠井裕予様、伊藤丈延様、マネキャリの皆様、橋本敦様、山本るみこ様、本庄麻理様、山下美樹様、中島健様、垂石和宏様、Cristy Palero Taruishi様、原田由依様、井上史珠佳様、原田さゆり様、鈴木ケンジ様、今村愛様、岩崎正寛様、渡辺 和樹様、世羅智茂様、松沢ひとみ様、高橋陽子様、細野知子様、伊藤恵美子様、水上裕康様、井部宏和様、中原猛様、吉澤鎮彦様、山本浩之様、加園大樹様、内村文香様、横畑政和様、小向圭亮様、HIRO様、花村うに子様、川島けんじ様、吉田唯様、崎本大海様、山本浩之様、岡田勇介様、平岡正人様、太郎様、Martinez Mario様、池田宗一様、清水美嘉様、LOLO麻布十番の皆様、御友加弥様、大堀ユリエ様、Bobby Marinkovic様、小野裕晶様、木内康様、秦瑞穂様、川崎真実様、山崎優太郎様、小塚まゆ様、小林一哉様、原口進様、佐藤由莉佳様、林愛様、谷口響子様、小島由利絵様、山本貴子様、川瀬遊陽様、河村直紀様、遠藤慶和様、澤藤健様、成瀬隆仁様、鈴木基晋様、所志穂様、西川家の皆様、林実諭紀様、西美咲様、木村茂穂巳様、池田町の皆様、小林有希様、樗木 悠希様、田中綾香様、高橋家、齊田家、赤川家、本田家、娘ちゃん、息子くん。

ここに書けなかった人も大勢います。

心の中でいつも感謝しています。ありがとうございます。

Profile

高橋ゆづき

Yuzuki Takahashi

NHK朝の連続テレビ小説『すずらん』で女優デビュー。『キッズ・ウォー3』では、井上真央と戦ういじめっ子役で注目を集め、その後もドラマ、映画、舞台、グラビアなど20年間芸能界で活動する。10代で芸能界の楽しさも厳しさも経験し、20代で結婚・出産・離婚をし、精神的にも金銭的にも一度どん底を味わう。その後、タレント活動と並行して海外ビジネスを行い、未来の可能性を秘めた活気あるアジアの魅力に惹かれ、国際事業家として主にアジアでのビジネスに注力する。日本とアジアの橋渡しの役割を担い、再現性のある素晴らしいビジネスモデルやコンテンツを世に広め、他者を稼がせるためのプロデュースや、「ビジネスは"誰"とアライアンスするかが勝負」とベストなマッチングを行うために自身の情報やノウハウ、人脈を惜しむことなくシェアするセミナーやコミュニティー、交流会の主宰・運営なども行なっている。セミナー講演数は年間100本以上。二児の母でもありながら女性経営者としてアジアを飛び回るタフでしなやかな生き方に「尊敬する女性」と女性の憧れとなっている。また、経営者たちからもビジネススキルが注目され多くのビジネスパーソンに影響を与えている。最近は、弱小化していく日本で生き抜くため、また自身のつらい経験から、女性の自立支援や日本の未来を担う子供達へグローバル教育、マネー教育にも力を入れている。

高橋ゆづき公式メールマガジン

高橋ゆづき Facebook

笑《わら》いながら稼《かせ》ぐ女《おんな》

アジアビジネスでミリオネアになった
元《もと》グラビアアイドルの逆襲《ぎゃくしゅう》

著者　高橋《たかはし》ゆづき

2019年9月9日　初版発行

発行者　磐崎文彰
発行所　株式会社かざひの文庫
〒110-0002　東京都台東区上野桜木2-16-21
電話／FAX 03(6322)3231
e-mail : company@kazahinobunko.com
http://www.kazahinobunko.com

発売元　太陽出版
〒113-0033　東京都文京区本郷4-1-14
電話 03(3814)0471　FAX 03(3814)2366
e-mail : info@taiyoshuppan.net
http://www.taiyoshuppan.net

印刷　シナノパブリッシングプレス
製本　井上製本所

編集協力　女里山桃花
装丁　BLUE DESIGN COMPANY
DTP　KM FACTORY

ISBN978-4-88469-974-1